비구 법정스님

밝은 곳을 밝히라

밝은 눈을 밝혀라

법정 글

불교신문사

차례 ── •

마음의 소리 / 시

숲으로 돌아가리로다

우리를 슬프게 하는 것들

재미있는 경전 이야기 / 불교설화

논리를 펴다

자취를 남기다

일러두기

– 이 책에 실린 원고는 법정스님이 1960년대 초부터 1970년대 중반까지 〈불교신문〉에 게재
했던 것으로 그동안 스님 명의로 출간된 바가 없어 사상적 추이를 살필 수 있는 소중한 자
료입니다. 일부는 스님이 〈불교신문〉에 논설위원과 주필로 재직할 때 쓰기도 한 글입니다.

– 원고를 11개 영역으로 나누어 신문에 실린 제목을 그대로 실었고, 일부는 새로 제목을 달
았습니다. 원고 끝에 게재일을 표기해 글을 쓸 때 당시를 알 수 있도록 하였습니다.

– 시기가 오래된 원고여서 독자들이 읽기 편하게 일부 원고는 전체 맥락이 변하지 않는 범
위에서 극히 최소한 문장을 수정하였고, 어법 또한 현대문법에 맞추었습니다.

– 활자판 인쇄로 한자가 누락된 부분은 유추하여 앞뒤 문맥에 맞도록 수정하였습니다.

– 스님의 원고를 연구하고 가르침을 계승하는 차원에서 '맑고 향기롭게'의 승인 하에 책을
출간하게 되었습니다.

– 이 책에 대한 수익금은 문서포교와 (사)맑고 향기롭게의 장학기금으로 활용됩니다.

천

수

천

안

볼륨을 낮춥시다

1.

가끔 산에는 음향에 대한 '노스탤지어' 같은 게 스며들 때가 있습니다. 그러니까 솔바람 소리나 시냇물 여음餘音, 숲에서 지저귀는 새소리 대신에 문명의 하모니가 말입니다.

목이 마를 때 시원한 우물을 찾듯 더러는 속이 컬컬하고 옆구리가 허전하게 빌 때면 식물성스런 나직한 '멜로디'로 하여 보랏빛 노을을 걷히게 할 수 있더라는 그러한 경험이 있습니다.

이럴 때 우리는 '문명의 이기'에 대해서 새삼 고마움을 느껴 인색할 수가 없습니다.

2.

그런데 요즘 사원에서는 산중이나 시정을 가릴 것 없이 그와 같은 문명의 소리가 너무나 많이 밀려들고 있지 않은가 싶습니다. 물론 농어촌에 '라디오' 보내기 운동이 있기 훨씬 전부터 말입니다.

사원寺院, Samgharama이란 사전을 들출 것도 없이 스님들이 모여 수도하는 청정하고 고요한 도량입니다. 이와 비슷한 말로 '아란야aranya 阿蘭若'가 있습니다. 수풀[森林]이란 뜻이지만 적정처寂靜處·원리처遠離處·무성처無聲處라고도 할 수 있는 말입니다.

이렇듯 고요하고 한가해야 할 사원이 근래에는 그 문명의 소리들 때문에 날로 빛이 바래져 가는 형편입니다. 바깥에서는 관람객이라는 불청객들이 세진世塵을 부옇게 떨치면서 법석이는가 하면 안으로는 밤마다 라디오의 볼륨이 제멋대로 판을 치고 있습니다.

시민의 대열에서 벗어난 우리라고 해서 굳이 문명의 혜택을 등지라는 법은 없습니다. 수용할 수 있는 한도 안에서는 얼마든지 받아들여도 좋을 것입니다. 다만 수도장이란 입지조건과 수도인이란 품위를 잃지 않는 한계 안에서 말입니다. 말하자면 처마 끝에 풍경소리가 무색하지 않으리만큼 나직하게 듣자는 것입니다.

방송국에서 위촉이라도 받은 모니터인 양 종일토록 라디오만 경청하는 끈기를, 고성능 밧데리에 못지않은 그 정력을 탓하려는 것이 아닙니다. 말초신경이나 간질이는 너절한 연속극을 학처럼 긴 목을 하고 사뭇 양각梁刻하게 듣고 있는 그 귀여운 교양

을 허물하자는 것도 아닙니다,

말하고 싶은 것은 바로 곁에 있는 법당에서는 불공을 올리고 있는데 이웃 방에서는 천덕스런 유행가 쪼각이 핏대를 올리고 있어 목탁소리와 불협화음을 이루고 있다는 사실입니다.

모처럼 한적한 절간을 찾아와 정성들여 불공을 드리는 신도들이 이러한 현상을 어떻게 받아들일 것인가는 너무나 뻔한 일이 아니겠습니까. 이런 식으로 '포교布教'를 한대서야 되겠습니까?

그리고 대중이 한데 모여 공양을 하고 있는 정숙한 자리에까지 예例의 문명씨文明氏가 횡포를 부리고 있는 것을 더러 보는데 청정한 시물施物을 받고 우리들의 자세가 이래서는 안될 것 같습니다.

또 산중에 있는 일입니다만 무슨 불사가 있을 때면 확성기를 가설하여 흡사 정치풍이 감도는 선거유세장처럼 시끄럽게 떠드는데 산사의 그윽한 고요가 무참히 짓밟히고 있다는 사실을 아파할 줄 아는 양식이 못내 아쉽습니다. 지금의 사원 분위기를 보면 마치 갓 쓰고 자전거 타는 것 같은 어설픈 짓이 아닐 수 없습니다.

오랜 옛 자취가 서린 절간을 우선 편리하다고 해서 시멘트나 양철판으로 함부로 바르고 때우려는 안목차전眼目次前의 육안肉眼에 대해서 다시 한 번 생각해 볼 일이 아니겠습니까?

이와 같은 육안은 독버섯처럼 돋아나고 있습니다. 결코 관심 밖의 일이 될 수가 없도록….

불일암(1980년대 말~1990년 초).

3.

'볼륨'을 낮춥시다.

우리들의 청정한 도량에서 불협화음을 몰아내야겠습니다. 처마 끝에서 그윽한 풍경소리가 되살아나도록 해야겠습니다. 법당에서 울리는 목탁소리가 고요 속에 여물어 가도록 해야겠습니다.

하여 문명의 소음에 지치고 해진 넋을 자연의 목소리로 포근하게 안아주어야겠습니다. 그렇습니다. 이렇게 주제넘게 말하고 있는 제 자신도 '바흐'나 '베토벤'을 들을 때면 의식적으로 '볼륨'을 높이는 전과자입니다. 이제 우리 함께 '볼륨'을 낮춥시다.

○ 1965년 5월 23일

너는 성장하고 있다

― 진학입시에 실패한 벗에게

1.

J군이 그 한정된 '수數의 대열'에 끼어 있지 않았다는 소식을 전해들은 밤에는 나도 잠을 이루지 못했습니다. 어린 영혼이 치르기에는 너무도 과중한 시련이고 새벽마다 추위를 무릅쓰고 그토록 정성스레 아들의 진학을 불전에 빌던 엄마와 아버지의 모습이 자꾸만 어른거렸기 때문입니다.

무슨 말을 한들 지금의 J군이나 부모에게 위로가 되겠습니까마는 이런 경우일수록 '시선의 각角'을 달리하여 세간사를 관조해야 할 것 같아서 이러한 글을 쓰고 있습니다.

'나'의 인생을 그 누구도 대신해서 살아줄 수 없는데, 내 스스로가 '나'를 살아야만 하는 엄숙한 이 인간 도정에서 한 번도 아니고 두 번이나 거듭 앞길이 막힌다는 것은 분명히 슬픈 일입니다.

그러나 우리들의 하루하루가 곧 개인 성장의 길임을 자각할 때 부딪치는 현실이 어떤 것이냐보다도 그 현실을 어떻게 받아들이고 또 극복해 나갈 것인가가 문제일 것입니다. 여기에 비로소 생의 가치척도 같은 것을 부여해도 좋으리라 생각됩니다.

지금 J군은 이번에는 고배를 통해서 그 나이 또래에서는 쉽게 얻어질 수 없는 인생의 고뇌와 인식이 싹텄을 줄 믿습니다. 자기의 생에 대한 인식! 그것은 어떠한 대가를 치르고라도 살아가는 생명 앞에 언젠가는 있어야 할 귀중한 체험일 줄 믿습니다.

2.

나는 새삼스럽게 이런 자리에서 인간사에 횃불을 켜준 어떤 인격의 자취를 들어 위안을 주자는 것은 아닙니다. 다만 그가 자기 앞에 닥친 불우한 현실을 어떻게 극복했던가. 이것에 관심하고 싶을 뿐입니다.

내 가슴 속에 음악처럼 늘 싱싱하게 살아 흐르는 구원의 인간상 '로망·롤랑'은 우리가 다 알다시피 그 당시 불란서에서도 가장 뛰어난 수재들만 모여드는 '에꼬르·노말(고등사범학교)'의 진학입시에서 두 번이나 잇달아 실패했었습니다. 그것도 '셰익스피어'에 반하고 '빅토르·위고'를 탐독하고 음악에 미치느라 그만 엄마의 간절한 기대를 저버리게 된 것입니다. 물론 세 번째에는 우수한 성적으로 합격했지만. 만약 그의 생애에서 이와 같은 쓰디쓴 경험으로 얻은 뼈저린 자각과 새로운 인식이 없었더라면 오늘 우리 앞에 빛나는 그 롤랑은 아니었을지도 모릅니다.

입시에서의 실패! 단순히 이것만이라면, 누구나 쉽게 경험할 수 있는 일입니다. 문제는 그 실패를 가지고 자기 인생을 어떻게 개발시켰던가에 있는 것입니다. '롤랑'은 뒷날 그의 회상록에서 이렇게 말하고 있습니다.

"오늘 나는 그 일로 해서 조금도 후회하지는 않는다. 나는 보다 성숙하여 입학했으니까. 그리고 '셰익스피어'와 '위고'로 인해서 놓쳐버린 시기를 나는 내 인생을 위해 벌었던 것이다…"

시작도 끝도 없이 무량겁을 두고 저마다의 업에 따라 유전하는 우리들 생의 형태를 안으로 살펴볼 때, 몇 만 번을 찍히고 상하면서 살아왔는지 헤아릴 수조차 없는 것입니다. 그러면서도 우리는 꺾이지 않고 기쁨과 슬픔의 연륜 속에 내 자신을 가꾸어 가면서 내일을 향해 묵묵히 걸어갔던 것입니다. 이것이 인생이란 것이 아니겠습니까?

만약 이 세상 모든 일이 무엇이고 우리들 뜻대로만 술술 풀려나간다면, 그때 우리는 오히려 짜증이 나도록 세상살이가 싱거워질지 모릅니다. 거기에는 창조의 의욕도, 생의 환희도 부재할 것입니다. 온갖 시련에 부딪치면서도, 운명의 흐름을 거스르면서도 꺾이지 않고 꿋꿋하게 성장할 때에, 비로소 '생명의 꽃'은 피는 것이 아니겠습니까?

3.

'전화위복'이란 말이 있습니다. 화가 오히려 복이 된다는 그런 말처럼, 지금까지의 일류교에 대한 집념에서 벗어나고 또 전공학과가 바꾸어질 때 자신도 모르던 새로운 재능을 크게 개발시킬 수 있다면 차라리 얼마나 다행한 일이겠습니까.

J군의 성공과 실패의 여부는 오로지 자기 생에 대한 인식의 밀도密度에 달렸을 줄 믿습니다. 인간은 고뇌 속에서 자란다는 말에 수긍할 수 있는 진리가 들어 있다면 J군은 이제 무사히 합격된 이웃들로서는 가질 수 없는 잠 못 이루는 '긴 밤의 고독' 같은 것을 치러도 좋으리라 믿습니다. '고뇌를 뚫고 환희에로Durch Leiden Freude' 갈 수 있는 의지력만 잃지 않는다면 말이지요.

그리고 그 정진력으로 해서 한없이 청정한 세계로 자신들을 승화시킬 수가 있었던 것이므로 엄마와 아버지의 새벽마다 불전에 간절히 기원하던 그 정신은 결코 헛되지 않은 것입니다.

J군은 지금 안으로 자라고 있습니다. 아직은 실패하지 않았습니다. 내일이 또 있습니다. 오늘 입은 상처를 다스리며 내일로 뚫린 길을 뚜벅뚜벅 걸어가야 합니다.

고뇌 속에서 우리는 근원적인 '나'로 돌아가는 것입니다. 인간의 밑천은 선의善意와 성실 이것뿐입니다.

J군의 앞날에 환한 지평地平이 트이기를. 이만한 거리距離에서…

○ 1966년 2월 20일

대비원력

− 부처님오신날에 부쳐

1.

우리들 곁에서는 여느 봄처럼 꽃이 피고 수런수런 새잎이 피어나고 있다. 꽃가지에서는 무심한 새들이 화창하게 지저권다. 꽃이나 새는 자체의 생명력과 환경의 조화에 의해 피고 지저권다. 거기에는 그 어떤 의식적인 노력이나 의지도 개재되어 있지 않다. 이것은 하나의 자연현상인 것이다.

꽃이나 새뿐 아니라 대개의 중생들은 일종의 습관성인 그 업력에 의해 생노병사 한다. 그러나 자기 존재를 자각한 사람은 외부로부터 주어진 습관이나 타성에 매몰됨이 없이 자신의 의지력으로 살고 또 죽는다. 말하자면 그가 원하는 바에 의해 창조적인 생을 영위하는 것이다.

부처님이 이 세상에 오신 것은, 그러니까 꽃이 피고 새가 노래하듯 자연발생적인 현상이 아니라 무량겁을 두고 쌓은 구도자의 원력에 의한 것이다. 그 원력은 그의 생명현상이며 존재 의미이다. 중생은 업력으로 몸을 받고 보살^{구도자}은 원력으로 몸을 받는다는 말씀의 뜻이 여기에 있는 것이다.

2천5백여 년전 역사적인 인물로 실존했던 석가모니 부처님은 전형적인 구도자였다. 그는 절대자도 아니고, 불가사의한 권능을 지닌 신적인 존재도 아니었다. 자기 존재를 철저히 자각한 '눈뜬 사람'이었다. 대비원력을 지니고 보편적인 진리를 구현한 도사導師요 선지식이었다. 그러므로 한낱 예경의 대상으로 우상화 될 수는 없는 것이다.

2.

『발가리跋迦梨』라는 경에서 부처님은 그 자신 예경의 대상이 아님을 강조한 바 있다. 밧카리라는 비구가 병들어 왕사성 밖 한 도공陶工의 집에서 앓는다. 병세는 날이 갈수록 심해져 회생의 가망이 없게 된다. 환자는 마침내 죽음을 각오하고 곁에서 간호하던 도반을 불러 그의 마지막 소원을 말한다.

"부처님께서는 지금 죽림정사에 계시겠지요? 내 청을 하나 들어주십시오. 보다시피 나는 회복할 가망이 없습니다. 죽기 전에 마지막으로 한 번 부처님을 뵙고 예배를 드리고 싶습니다. 내가 거기까지 갈 수 없으니 스님이 제 소원을 부처님께 전해주었으면 합니다."

이 말을 전해들은 부처님은 예정된 다른 일을 뒤로 미루고 그 길로 도공의 집을 방문한다. 부처님이 오신 것을 본 환자는 몸을 일으키려고 했다.

이때 부처님은 그를 가만 누워 있도록 만류하고 뼈만 남은 앙상한 손을 잡고 위로를 하신다.

"얼마나 고생이 많으냐? 약은 먹었느냐?"

"세존이시여, 저는 이제 살아날 가망이 없습니다. 병은 날로 더해 갈 뿐입니다. 그래서 마지막으로 부처님을 뵙고 하직의 예배를 드리고 싶었습니다."

이 말을 듣고 부처님은 조금 전까지 그토록 인자하던 태도와는 달리 정색을 하고 단호하게 말씀하셨다.

"밧카리여, 너는 이 무너질 몸뚱이를 보고 예배를 해서 어쩌자는 것이냐. 명심하여라. 나를 보려거든 진리를 보아라. 진리를 보는 사람만이 참으로 나를 볼 수 있을 것이다."

이 말 끝에 밧카리는 문득 깨닫게 되었다고 경전에는 기록되어 있다.

우리들은 흔히 부처님을 예경의 대상처럼 착각하는 수가 있다. 그래서 부처님을 받들고 섬긴다는 일이 오히려 부처님을 우상화시키고 욕되게 하는 결과를 초래한다. 당신을 보려거든 진리를 보라는 이 말씀의 뜻은 45년 설법에, 일관된 정신이다. '진리를 등불 삼고 자기 자신을 등불 삼으라'는 유훈遺訓과 같은 뜻인 것이다.

이와 같이 부처님은 위엄과 권위를 지니고 군림한 한 종교의 교조教祖라기보다 지혜와 자비의 길을 몸소 깨닫고 널리 가르친 보편적인 진리의 구현자였던 것이다.

3.

불교란 부처님의 가르침만이 아니고 우리들 스스로가 부처님이 되는 길이다. 인류사상 여러 성인들에 의해 그때마다 많은 교훈이 펼쳐졌지만, 자기 존재를 자각하게 한 이 교훈이야말로 가장 뛰어난 가르침일 것 같다.

불타의 출현은 미망에서 헤매는 우리들에게 인간이 지향해야 할 인간의 길을 환히 비추어준 것이다. 그리고 인간의 본래 면목이 어떤 것인가를 자각케 하는 문을 마련해 놓은 것이다.

거대한 물량의 틈바구니에 끼어 가치관이 전도되어버린 오늘날, 도시화 되고 공업화 될수록 인간 부재의 현상이 날로 극심해지고 있는 병든 이 문명 속에서 우리는 어떻게 살아야 할 것인가.

이것은 모든 영역에서 심각하게 반성하고 모색해야 할 과제이지만, 인간 존재의 실상을 자각하고 또 각타覺他케 하는 종교의 사명은 실로 막중한 것이다.

그러므로 모든 불자들은 이 시대에 태어난 '부처님의 화신'임을 자각, 스승의 대비원력을 곧 나의 원력으로 수용해야 할 것이다. 공허한 이론으로서가 아니고 구체적이고 일상적인 행行을 통해 보편적인 진리의 구현자가 될 때, 부처님은 새삼스레 오실 것도 없이 무량광無量光과 무량수無量壽로서 상주하게 될 거라는 말이다.

○ 1971년 5월 2일

아리랑 소나타

'드보르작Dvorak'이란 사람이 있었다. 보헤미아 사람. 그러니까 오늘날의 체코·슬로바키아쯤에 해당하는 중부 유럽 사람이다. 어릴 때 살림이 아마도 넉넉지 못했던 듯, 순전히 고학으로 공부를 한 사람이었다. 그러나 타고난 재질만은 대단히 탁월한 음악가여서, 일찍이 브람스에게 작곡을 배워 그의 인정을 받고, 나중에는(1873년) 국가상을 받을 만큼 큰 존재가 된 사람이었다.

그런데 무슨 이유 때문인지 그는 얼마 뒤 고향을 떠나버리고 말았다. 미국 대륙으로, 그러니까 개척된 지 아직 얼마 되지 않은 '신세계'로 건너갔던 것이다. 그때만 해도 유럽과 아메리카와의 간격은 무척도 먼 길이었다. 까마득한 고향, 보헤미아를 그리며 그는 가끔 눈물을 흘렸다. 그러다가 흑인들의 민요에서 힌트를 얻고 '심포니'를 작곡하니, 이것이 유명한 '신세계로부터Aus Der Neuen Welt'이다.

드보르작의 '신세계'. 이는 실로 고향에 대한 향수가 남김없이 묘사된 작품으로 지금껏 우리의 심금을 울려주는 명작이다. 특히 2악장 '라르고'에 나오는 '잉글리쉬 혼'의 감미롭고도 연연한 멜로디는, 듣는 이의 가슴을 자못 설레게 하는 것이다. 적벽부赤壁賦에 이른바 '여원如怨 · 여모如慕 · 여읍如泣 · 여소如訴'란 묘사가 바로 여기에 해당하는 말이다. 이것을 초연初演할 때 아메리카 귀부인들이 모두 눈물을 흘렸다는 에피소드를 상기해 봐도 저간의 사정은 짐작됨이 있을게다.

그런데 요즈음 이 '신세계의 눈물'과 똑같은 눈물을 흘린 사람들이 있었다. 곧 하와이에 사는 한국 교포들. 소싯적 고국을 떠나 이미 백발이 성성한 우리나라 교포들이다. 하와이 이민 70주년을 맞아 본국에서 건너간 위문단과 함께 '아리랑'을 부르며 모두들 눈물을 흘렸다고 한다.

'신세계'를 듣고 가슴을 설레는 마음, 혹은 이것을 듣고 옷깃을 적신 아메리카의 귀부인들 내지는 '아리랑'을 부르며 눈물을 흘린 하와이의 교포들, 이 3자의 마음은 아마도 모두 같은 마음임에 틀림이 없다.

부처님 말씀에 따르면 모든 인간은 모두 같은 불성을 가진 존재다. 상전과 노예가 모두 진리를 깨칠 능력을 갖는다. 피부 빛깔이 검거나 희거나 모두 인격을 완성하여 해탈을 할 수가 있는 것이기도 하다.

따라서 우리는 모든 사람에게 부처님의 진리를 전파해서, 이 국토를 평화롭고 행복하게 만들 책임이 있는 것이라고 해도 상관이 없다. '신세계'를 듣고 흘리는 눈물과 '아리랑'을 부르며 흘리는 눈물이 똑같은 것을 봐도 이것은 입증이 되는 문제다.

○ 1973년 1월 21일

행자교육

　수도승이 되기 위해 집을 나온 사람들은 찾아간 도량에서 반드시 행자시절을 거쳐야 한다. 행자란 오계五戒를 받아 사미승이 되기까지의 기초적인 수련과정에 있는 사람을 가리킨다. 남들이 보기에는 그저 그런 사람들 같지만 부모형제를 등지고 살던 집을 뛰쳐나온 당사자에게는 필사적으로 선택한 길이다. 몇밤을 뜬 눈으로 지새면서 일대용단을 내어 스스로 '사주팔자'를 바꾼 것이다. 그러기 때문에 처음 수도원을 찾아간 그들의 생각은 그만큼 간절하고 절실하다.

　그런데 승가의 전통적인 도제교육徒弟教育이 사라져 버린 오늘의 절간에는 이 행자에 대한 교육이 거의 공백상태다. 기껏 한다는 게 후원에 넣어 상 심부름이나 시키고 무슨 뜻인지도 가르쳐 주지 않은 채 '수리수리 마하수리…'를 외우게 하고 예불과 불공 의식을 그저 암기시키는 데 그치고 있다. 물론 소임을 보

1960년대 초 해인사에서 도반들과 함께(좌측에서 두번째).

고, 불공하는 법을 배워두는 것이 우리나라 같은 데서 중노릇을 하는 데에 필수적인 조건이지만, 그런 일들이 적어도 초발심한 행자들한테 교육의 전부가 될 수는 없다.

첫 마음을 낼 때 정각을 이룬다는 말이 있듯이 구도의 틀을 잡는 데는 무엇보다도 초발심이 중요하다. 막연하고 조금은 들떠 있는 그 마음을 보리菩提의 땅에 정착, 거듭거듭 발심케 하여 불퇴전의 의지를 길러줌으로써 일상적인 일에서 출세간의 의미를 느끼도록 배려하고 거들어주는 것이 선착자先着者의 도리다.

모처럼 큰마음 먹고 찾아간 절에서 일꾼처럼 부리기만 하고, 제대로 가르치지 않기 때문에 그들은 정착을 못하고 이 절은 어떨까 저 절은 어떨까 하면서 '행자수좌' 노릇을 하고 있는 것이다. 내가 아는 어떤 큰 절은 한 달이면 10여 명씩 출가 희망자가 찾아오는데, 그들의 대부분은 열흘이 못가 타고 왔던 버스를 되타고 가버린다.

물론 오는 대로 전부 정착하기를 바랄 수는 없지만 적어도 절반쯤은 닻을 내릴 수 있도록 보살펴줘야 하지 않겠는가. 그런데 그 절의 주지와 주지보다 더 큰 스님은 전국을 누비면서 먼 데 있는 신도들은 교화할 줄 알면서도, 정작 자신들이 주관하는 도량에 있는 행자들에게는 전혀 교화를 끼치지 않는다. 무책임한 처사다.

다들 큰 것만을 좋아하는 대선사大禪師 대종사大宗師, 그리고 대조사大祖師가 어떤 경로를 거쳐 움터 났는가. 물을 것도 없이 그들은 모두가 초발심의 행자과정을 통해 그 싹이 트인 것이다. 심지어 종정예하께옵서도 그렇고 종회의원 제씨도 그렇고 모두가 한결같이 초발심의 행자시절을 거친 사람들인 것이다. 그러니까 초발심 할 때 어떤 환경에서 무슨 교육을 받았느냐는 것은 수도승으로서 평생을 두고 중요한 구실을 하게 마련이니 수행승이라면 생생하게 간직하고 있을 것이다. 행자시절의 그 청청靑靑한 기억들을. 그 시절에 들은 어떤 법문은 아직까지도 그 빛을 발하고 있으리라.

오늘날 일반사회로부터 가끔 저질 소리를 듣고 있는 우리 승단은 그 저질의 발단이 어디로부터 움튼 것인지를 살펴보고 저질의 늪에서 더 이상 허우적거리지 않도록 미리 조처해야 할 것이다.

토마스 머튼의 『칠층산七層山』에는 이런 구절이 있다. 평생 침묵을 고수하는 트라피스트가 되려는 지원자에게 그 수도회修道會의 원장 신부는 입회를 허락하면서 다음과 같은 당부를 한다.

"당신들 한 사람 한 사람이 이 공동체를 더 좋게 할 수도 있고, 더 나쁘게 만들 수도 있소. 늘 즐겁게 사시오. 그러나 아무렇게나 살지는 마시오."

○ 1977년 10월 16일

우 울 한

독 백

침묵은 범죄다

– 봉은사奉恩寺가 팔린다

1.

침묵이 금이라는 말이 있지만 현장의 침묵은 더러 범죄와 동일한 작용을 한다는 것을 우리는 인간의 역사를 통해 알고 있다. 승가정신은 첫째, 회의에 근거를 두고 있다. 모든 문제를 폭력이나 독선적인 수단에 의지하지 않고, 이성적인 대화와 설득에 호소하는 것이다. 둘째, 의견이 서로 다를 때에는 건전하고 공정한 판단을 내걸 수 있는 중지衆智에 묻는 것이다. 셋째, 승가정신은 배타적인 태도를 지양, 공존의 윤리를 찾는 것이다. 그러므로 그것은 곧 민주주의의 기본적인 덕이다.

지난 연말부터 총무원 일각에서는 봉은사 임야와 대지를 팔아 불교회관을 사자는 주장이 일기 시작했다. 그것이 요즘에는 거의 실현 단계에 돌입하게 되었다. 필자는 지난해 12월 18일종정스님을 비롯하여 청담 장로원장, 월산 총무원장, 그리고 법안 교무부장을 선두로 한 총무원 간부진 등, 우리 종단의 원로와 실력자들이 임석한 중진회의 석상에서도 밝힌 바 있지만, 이 시대를 함께 살고 있는 동참자로서, 그리고 현장에 입회한 목격자로서 이견을 말하지 않을 수 없다.

2.

불교회관 건립은 몇 해 전부터 논의된 우리 종단의 염원이다. 그 회관을 세우자는 데 반대할 사람은 아무도 없을 것이다. 그러나 지금 당장 봉은사 같은 도량을 팔아서까지 회관을 세우지 않으면 안될 만큼 시급한 일인가에는 의문이 없지 않다.

봉은사는 잘 알다시피 한국불교사상 영구히 기억될 도량이다. 불교가 말할 수 없이 박해를 받던 이조시절 허응虛應 보우普雨 스님에 의해 중흥의 터전이 구축된 데가 이곳이며, 서산·사명 같은 걸승의 요람이 된 곳도 바로 이 봉은사인 것이다. 서울에서 가장 오래된 사원이라거나 또는 불교 중흥의 도량이라는 과거를 무시하고라도, 한수이남漢水以南에 자리 잡은 그 입지적인 여건으로 보아 앞으로 우리 종단에서 다각도로 활용할 수 있는 아주 요긴한 도량임은 더 말할 것도 없다.

제6한강교가 봉은사 쪽으로 놓인다는 서울시의 계획이 발표되자 그 주변의 땅값이 폭등하고, 이해타산에 약삭빠른 업자들이 총무원 문턱이 닳도록 출입이 빈번해진 실정이었다.

그 결과 바로 봉은사 대지와 임야 매각으로 낙찰된 것이다. 곁들여 장충단공원에 있는 '공무원 훈련원'을 불교회관으로 사들이자는 착상이 동국대재단에 관계하고 있는 몇몇 인사들에 의해 구미를 돋우게 된 것이다. 왜냐하면 불교회관의 일과는 관계없이 캠퍼스 확장의 뜻으로 훈련원을 사들이려는 계획은 벌써부터 추진되었던 것이다. 그러나 그 능력이 없던 차 때마침 불교회관건립이라는 대의명분이 결정적인 구실을 해준 것이다. 단순히 생각하면 일거양득의 효效를 거둘 것 같지만 바로 이 점으로 해서 종단에서는 막대한 손실을 보게 될 것 같다.

3.

그런데 지금 '공무원 훈련원' 자리가 한국불교 발전상 막대한 손해를 치르고라도 놓쳐서는 안될 그런 위치인가는 더 두고 볼 것도 없이 뻔하다.

그곳은 동국대에서나 필요한 터이지, 우리 종단의 역량이나 처지로 보아 회관으로서는 부적합한 곳이다. '막대한 손해'란 말은, 첫째 우리 종단에서 앞으로 유용하게 쓸 도량이 없어진다는 점이고, 둘째는 굳이 같은 땅을 팔 경우라도 제6한강교가 준공된 다음에 처분한다면 지금의 몇 곱을 받게 될 것이기 때문이다. 따라서 보다 선택된 자리에 우리 뜻에 맞도록 설계된 회관을 가질 수도 있을 것이다.

1600년의 전통을 가진 대종단에서 모처럼 회관을 마련하는 데 남이 쓰다만 낡은 건물을 사서 쓴다는 것은 종단적인 수치가 아닐 수 없다. 그런데도 눈앞 일만 생각하고 쫓기듯이 바삐 서두르는 걸 보면 무언가 석연치 않은 일들이 개재된 것처럼 오해를 초래하기 알맞다.

물론 우리 종립대학인 동국대 캠퍼스가 확장된다는 데 이의를 가질 사람은 없다. 허나 오늘날 동대가 타 대학에 비해 하강일로인 요인이 현재의 캠퍼스가 좁아서인가? 동대의 근본적인 발전을 위해서라면 8억5천만 원(얼마 전 공무원 훈련원의 감정가격)이라는 막대한 돈을 들여 '집'을 사기보다는 교수의 자질 향상과 학생들의 학구열을 북돋는 등 인력계발에 투자하는 편이 현명한 선택일 것 같다. 이 점은 운영관리자들의 안목이 아쉽기도 하다.

앞에서도 말했듯이 회관을 갖자는 것은 우리들의 여망이다. 그러나 한국불교 발전의 근본적인 저해요인이 결코 회관의 유무에 달린 것은 아니다. 우리같이 발심 못한 얼치기들이 중 행세를 하고 있기 때문이 아닌가. 나처럼 탐욕과 명리에 눈이 가려 한 치의 앞도 내다볼 줄도 모르는 일부 우치배愚痴輩들이 불자佛子입네 하면서 신도들의 보시를 받아먹고 있기 때문이 아닌가.

종단을 위해서라면 봉은사 하나쯤 법당까지 다 팔아버려도 아까울 것 없다는 견해는 물론 종단을 아끼는 생각에서일 것이다. 그러나 '종단'이라고 할 때 추상적인 존재는 아니다. 구체적인 도량 없이 종단이 있을 수 있겠는가?

회관을 갖게 되면 그 뒷날부터 당장 한국불교가 중흥될 것처럼 벌써부터 흥분하는 다혈질들이 계시는데, 문제의 열쇠는 그 회관을 어떻게 운영하느냐에도 달린 것이다. 어떤 교포가 총무원에 쓰라고 보낸 승용차 하나 굴릴 만한 능력이 없어 다른 기관에 넘기고 만 작금의 우리 종단 실정을 두고 생각할 때 문제는 그리 간단치 않다. '염려 말라'는 호언장담은 함부로 할 수 있는 언론자유가 아니다.

4.

거듭 밝히지만 회관을 갖자는 뜻에는 동조하고 싶다. 그러나 봉은사 같은 유서 깊고 장래성 있는 도량을 우리 종단 자체에서 보존 활용하지 못하고 끈덕진 업자들의 입맛에 맡겨 팔아버리려는 일에는 찬성할 수 없다. 필자가 평생 삼보도량을 지켜야할 의무와 종단이라는 유형체有形體 속에서 살아야할 일(?)이기 때문에 의견을 말하지 않을 수 없는 것이다.

만약 봉은사 경내의 임야가 '유휴재산遊休財産'이라 해서 처분한다면 우리나라 사찰림寺刹林이나 대지치고 유휴재산 아닌 게 얼마나 될 것인가. 유휴재산 처분에 대한 지난번 종회의 결의는 이와 같은 맹점을 내포하고 있다.

도량이란 법당이나 몇 채의 요사만으로 이루어지는 것이 아니다. 부처님께서 말씀하신 것처럼 적정처가 도량의 전제조건이어야 하는 것이다. 그러므로 그 환경이 문제되지 않을 수 없다.

지금 총무원 측이 획책하고 있는 구상대로라면, 봉은사 소유의 임야 및 대지 13만평 중에 그 6분의 5가 팔리고 나머지 6분의 1이 고작 도량으로서 존속될 모양이다. 이번 일에 누구보다도 앞장서 수고하고 있는 현직 동대 재단이사이면서 교무부장인 오법안吳法眼 스님은, 팔고 남은 봉은사 둘레에 담장을 싸주고 식량을 확보하겠다는 등 사후대책을 내걸고 있다. 하지만 자연인의 인격과는 달리 그동안 겪어온 '비구승의 신의'를 무엇으로 보장할 수 있을 것인가.

5.

우리들이 오늘날 수용하고 있는 삼보재산이 어떻게 해서 마련되고 계승되어 왔는가를 돌이켜 볼 때 거기에는 신심단월의 고마운 희사도 있었지만, 그것을 지키고 가꾸어온 우리 선사들의 피눈물 나는 이면裏面의 역사가 있었다는 것을 잊어서는 안 된다. 따라서 지금의 우리는 현재의 유용한 정재를 수호할 의무는 있어도 팔아버리거나 호용互用할 권리는 없는 것이다.

결론적으로 이 문제에 따른 몇 가지를 한국불교 전체 사부대중을 향해 호소하고 싶다.

첫째, 불교회관 건립문제는 급히 서두를 게 아니고 시간적인 여유와 자체의 역량을 살펴가면서 널리 종단의 여론을 들어 일을 진행시켜야 하겠다.

둘째, 불교회관을 사기 위해 한국불교 재기의 터전인 봉은사 경내지를 팔아버릴 것이 아니라 오히려 다른 유휴재산을 처분하여 한수이남漢水以南인 봉은사에다 우리 분수에 맞는 회관을 세웠으면 하는 것이다.

셋째, 봉은사와 같은 중요 도량의 처분 문제는 적지 않은 일이므로 이 시대를 함께 살고 있는 불자들의 최대다수의 의견이 집약되어 역사적인 과오를 초래하는 일이 없어야겠다는 것이다.

필자는 진즉 이러한 뜻을 펼치고 싶었지만 총무원 당국으로부터 문제가 표면화되기 전에는 보류해 달라는 충고를 받은 바 있었다. 그러나 지난 주 재단이사회에서 이 문제는 마침내 표면화되어 지상에까지 보도되었다.

봉은사에 살고 있는 대중으로서 이 이상 침묵을 지킨다면 어떠한 범죄적인 오해를 받을지 알 수 없고, 또한 승가정신에 입각하여 대화를 나누어야 할 시기가 도래했음을 알아 이와 같은 의사표시를 한 것이다.

○ 1970년 2월 8일

봄한테는 미안하지만

1.

요즘 만나는 사람마다, 올해는 봄이 더디다고 봄 인사를 주고
받는다. 봄이 온다고 해서 별로 기대할 것도 없지만 한 겨울 밀
폐된 방안에서 오돌오돌 떨며 해쓱해진 화분들을 위해서는 다
행한 일이다.

그러나 나는 몇 가지 이유로 해서 봄을 좋아하지 않는다. 이
런 표현이 모처럼 찾아드는 봄한테는 좀 미안하지만 적어도 초
겨울의 나목裸木이 풍기는 그 말할 수 없이 차분한 계절에 비한
다면 말이다.

그 봄을 좋아할 수 없는 첫째 이유가 변덕스런 날씨 때문이었
다. 잘 풀리는가 해서 한 꺼풀을 벗어주면 금시 쌀쌀한 날씨다.
그런가 싶으면 어느새 활짝 애교를 떨고 있는 것이다. 더러는 뿌

옇게 토우土雨를 내리면서 횡설수설 은폐하려 든다. 이와 같이 종잡을 수 없는 봄을 믿다가는 감기에 걸리기 알맞다. 불투명한 이런 계절이 싫은 것이다.

둘째로 나는 체질적으로 봄을 좋아할 수가 없다. 이른 봄철이면 이렇다 할 병명도 없이 시름시름 한 열흘 누워서 앓아야 하기 때문이다. 혼자 사는 사람이 앓으면 여러 가지로 불편하다. 뭐 외롭다거나 어쩐다거나 이런 청승맞은 생각은 벗어버린 지 오래지만 예정된 일을 못하고 자꾸만 침몰하려는 육신에 더러는 짜증이 나는 것이다.

얼마 전에도 예의 봄철 행사를 치러 주었다. 다래헌茶來軒에 누워서 솔바람 소리를 들었다. 남의 일처럼 까맣게 잊어버린 '죽음' 같은 것이 내 자신의 일로 생각되는 것이다. 죽음이 두렵거나 싫은 것은 아니었다. 또한 어떻게 죽는 것이 잘 죽는 일인가에도 상관이 없었다. 문제는 정말 문제되는 것은 하루하루를 어떻게 사느냐에 달린 것이었다.

2.

지난 2월이던가. 우리 절 주지스님이 불의 앞에 '분신자살'을 하겠다고 선언했었다. 상좌들을 모아 놓고 눈물을 흘리면서 유언하는 비장한 장면을 보고, 같은 도량에 살고 있던 대중들은 숙연해지지 않을 수 없었다.

왜냐하면 우리 종단에서 삼보정재를 지키기 위해 분신자살로써 항거한 일은 일찍이 없었기 때문이다. 그 불의란 10여 만평에 달하는 봉은사 임야 매각에 따른 총무원 당국의 비승가적인 처사를 가리킨 것이었다. 이러한 사실이 보도를 통해 세상에 알려지자 그 반응은 굉장했다.

경향각지에서 많은 사부대중들이 격려의 편지를 보내오고, 먼 지방에서 몸소 찾아와 주지스님에게 위로와 격려의 말을 남기고 가는 이도 적지 않았다. 심지어는 이 소식을 전해 듣자 수업을 받다 말고 밤길을 뛰어온 순진한 학생들까지 있었다. 불의 앞에 한국불교의 장래는 그래도 비관적일 수만은 없다고 생각했었다.

한편 총무원에 어떤 간부는 서운瑞雲 주지의 이런 결심을 보고 "혹시 노망기가 들지 않았는지 모르겠다."고 했다. 이 말을 전해들은 우리는 적잖이 분개했다.

무슨 동기에서건 '분신자살'을 결심하고 선언한다는 것은 결코 작은 일이 아니다. 더구나 불자로서 어떤 그릇된 현실 앞에 스스로의 몸과 목숨을 불태우겠다고 부처님 앞에 맹세한 것은, 즉흥적인 쇼맨십에서가 아니라 그렇게 하지 않을 수 없는 '결정신決定信'에서임은 물을 것도 없다. 이와 같은 결정신 앞에 많은 이웃들이 찬사를 아끼지 않았던 것도 이해관계를 떠난 순수한 공감에서였을 것이다.

3.

요 며칠 전 모 석간지에 최월산崔月山 총무원장과 김서운金瑞雲 봉은사 주지 공동명의로 낸 '해명서'를 보고 우리는 어리둥절하지 않을 수 없었다. 마치 닭 쫓던 개처럼. 그리고 실소를 머금었다. 한편 다행한 일이라고도 생각됐지만.

며칠 전까지도 총무원 간부진에서 봉은사 주지의 직인을 위조했다고 해서 김서운 주지스님은 극도의 분노를 감추지 못하고 있었다. 그리고 당사 주지의 입회 없이 자행한 임야의 분할 측량과 수의계약 사실에 대해서도 분개했었다. 그런데 그것이 모두가 '사실과는 다른 것'이었다는 것이다. 3월 20일 총무원에서 총무원 간부와 봉은사 주지가 뜻을 같이하여 모임을 열고, 원만히 해결되었음을 해명한 것이다.

그렇게 비장했던 결의가 급전직하急轉直下한 걸 보고 어떻게 실소를 금할 수 있겠는가. 그러나 필자의 소신은 아직도 변함이 없다. 봉은사 같은 유서 깊고 장래성 있는 도량을 팔아서까지 남이 쓰다버린 건물을 사서 불교회관으로 써야할 타당성이 없다는 것이다.

그리고 한편 다행한 일이라고 생각된 것은 한 생명이 이제는 분신으로써 비명횡사를 하지 않고 제대로 수명을 누리게 됐다는 점에서다.

제행이 무상하다는 말은 이런 일을 두고 하는 말인지도 모르겠다. 본래 중생계의 구조가 개인의 이해관계에 따라 이합집산 하는 것임을 모르는 바 아니지만 급선회하는 인간의 그 심사가 실로 무상하다는 말이다. 당시 행정 책임자의 이런 '미묘한 과정'을 거쳐 삼보재산이 팔리는가 싶으니 조금은 슬퍼지려고 한다.

　오늘은 날씨가 풀린 것 같다. 그러나 이제는 함부로 창문을 열지 말아야겠다. 조석으로 변덕을 부리는 날씨를 따르다가는 또 강 건너 약국의 '아스피린'이나 팔아주기 알맞기 때문이다. 이런 일들로 해서 올해는 봄이 더딘지도 모르겠다. 그리고 나는 더욱 봄철을 싫어하게 될 것이다. 모처럼 찾아든 봄한테는 좀 미안한 말이지만.

○　1970년 3월 29일

세간법에 의탁하지 않는 자중自重을

− 전국승려대회에 임하는 자세

추억의 장

지린내가 났다.

신짝이 바뀌었다.

눈에 눈에 핏발이 섰다.

마침내는 장삼자락에 피가 빈졌다.

이것은 어떤 시의 일절이 아니다. 아직도 기억에 생생한 우리 주변에 있었던 질서 이전의 사실이다. 서글픈 과거 회상만은 즐겁다는 감상적인 말이 있지만 이런 회상은 즐거움은커녕 쓸쓸하고 매스꺼운 뒷맛뿐이다.

머지않아 곧 전국승려대회가 열릴 것이라고 한다. 계절적인 질환처럼 한동안 잠잠하던 회색의 행렬이 또 꿈틀거릴 모양이다.

온 국민이 지금 목마르게 기다리고 있는 것은 '승려대회'가 아니라 만물을 촉촉이 축여줄 단비일 텐데.

그 결과는 예측할 수 없지만 10년을 두고 겪어온 일들로 미루어 보아 어쩐지 불안이 앞서는 것은 필자만의 느낌일까? 필자는 이번 '전국승려대회'에도 원칙적으로 부정적인 입장에 선다.

새삼스레 결제중이라고 해서가 아니다. 전국 방방곡곡에서 움직이느라고 소비될 시주施主들의 정재淨財가 아까워서만도 아니다. 지금 우리들이 종교인으로서의 구실을 제대로 못하고 있는 처지에 사회적으로 어떤 영향을 끼칠 것인가를 숙고해볼 때 찬성할 수가 없는 것이다.

'승려대회'하면 선뜻 '플래카드'를 들고 구호를 외치던 비정非情의 행렬이 연상되도록 우리에게는 '과거'가 있다. 그리고 사회적인 여건으로 보아 지금은 그 시기가 아니기 때문이다.

그러나 무슨 위원회에선 이미 결의되었다 하니 둑은 벌써 무너진 셈이다. 소수의 이성理性으로써 제지할 수 없다는 것은 그동안의 경험으로 너무나 잘 알고 있다. 그러면 우리는 이번 대회를 어떻게 가져야 할 것인가.

어떻게 할 것인가

이번 대회의 동기는 묻지 않더라도 며칠 전 '종헌결의 무효확인청구소송'에서 소위 대처 측이 승소하였다는 데 있을 줄로 안다. 물론 이번의 판결은 대처 측이 종단으로서의 법통이나 불교계의 정통종단임을 확인한 판결이 아니라 종헌을 바꾸고 이를 토대로 한 의원이 위촉 내지 선임이 법적 근거가 희박하다는 것이다. 그러니까 비구승이 그르다 대처승이 옳다 하는 종교의 본질에 관한 문제가 아니라 다만 회의진행상의 절차에 결함이 있다는 판결이다.

그리고 이것은 최종적인 확정판결도 아니다. 앞으로 상급법원의 판결이 두 번이나 남아 있다. 그런데 이만한 일을 가지고 500만 신도를 과시하는 대교단이 발칵 일어선다는 것은 아무래도 위신과 직결될 몸짓일 것 같다. 그것이 혹시 종회거나 중진회의라면 몰라도 '전국승려대회'라는 데는. 필자는 이에 몇 가지 원칙 문제만을 이번 대회에 제기하려 한다.

첫째, 우리가 근본적으로 갖추어야 할 자세는 그것이 어디까지나 종교문제이기 때문에 교리나 승규僧規로써 다루어져야 한다는 것이다. 이 일을 세속의 일반 법규에 의지해서 해결하려는 것부터가 잘못이다. 어떤 것이 참으로 출가수도 하는 승려인가는 양식 있는 사람이라면 어렵지 않게 가리게 될 것이다. 이 이상 출세간의 현상을 가지고 세간에 의탁하지 말아야겠다. 그동안 소송 비용으로 소모한 정재가 얼마나 많은가 거듭 헤아려볼 일이다.

둘째, 이번 모임이 절대로 '데모'로 타락해서는 안 된다. 한국사회에서 '데모'라는 것이 그 성격 여하를 막론하고 일반에게 어떠한 인상을 줄 것인가는 말할 필요조차 없기 때문이다.

더구나 종교단체의 의사표시가 세속적인 것과는 그 차원이 달라야 할 줄 안다. 우리들의 일동일정一動一靜이 그대로가 포교의 구실을 하게 된다는 사실을 우리는 늘 명심해둘 일이다.

따라서 영향력을 가진 '노장老將' 스님들의 언동이 과거처럼 이성을 잃어서는 안될 것이다.

셋째, 기왕 모이게 될 이번 기회에 우리는 저마다 출가의 의지와 구도자로서의 사명감을 거듭 자각하고, 이 혼돈에서 벗어날 출구를 찾아야 할 것이다. 그래서 한국불교도가 가져야 할 근본적인 자세를 결의해야 할 것 같다.

무엇보다도 인재가 아쉬운 이 불모지에서 인재양성에 대한 구체적인 방법론과 그 시급한 시행이 다짐되어야 한다. 그리고 수행인으로서 갖추어야 할 승규僧規가 강조되어 일반의 신망을 잃지 않도록 해야 할 줄 안다.

말할 수 없이 비싼 대가를 치르면서 모일 이번 '전국승려대회'에는 신짝을 바꿔 신는 무질서가 없어야겠다. 부화뇌동하는 우를 범하지 않아야겠다.

그리고 값없이 피를 흘리지 말아야겠다. 부디 부디 '과거過去를 잊지 맙시다!'

− 수미암須彌庵에서

○ 1965년 6월 20일

마음의 소리

시

봄밤에

내 안에서도
움이 트는 것일까
몸은 욕계欲界에 있는데
마음은 저 높이 무색계천無色界天

아득히 멀어버린
강江 건너 목소리들이
어쩌자고 또
들려오는 것일까

하늘에는
별들끼리
눈짓으로 마음하고

산山도
가슴을 조이는가
얼음 풀린
개울물 소리

나도
이만한 거리에서
이러한 모습으로
한 천년 무심한
바위라도 되고 싶어

○ 1963년 5월 1일

쾌청快晴

지루한 장마비 개이자
꾀꼬리 새목청 트이고
홈대에 흐르는
물소리도 여물다

나무 잎새마다
햇살 눈부시고
매미들의 합창에
한가로운 한낮

산山은
그저 산山인 양 한데
날개라도 돋치려는가
이내 마음 간지러움은-

이런 날은
'무자無字'도 그만 쉬고
빈 마음으로
눈 감고
숨죽이고
귀만 남아 있거라

– 구고舊稿에서

○ 1963년 7월 1일

어떤 나무의 분노

보라!
내 이 상처투성이의 얼굴을

그저 늙기도 서럽다는데
네 얼굴엔 어찌하여 빈틈이 없이
칼자국뿐인가

내게 죄라면
무더운 여름날
서늘한 그늘을 대지에 내리고
더러는
바람과 더불어
덧없는 세월을 노래한
그 죄밖에 없거늘
이렇게 벌하라는 말이
인간헌장人間憲章의

어느 조문條文에 박혀 있단 말인가

하잘것없는 이름 석 자
아무개!
사람들은 그걸 내세우기에
이다지도 극성이지만
저 건너
팔만도 넘는 그 경판經板 어느 모서리엔들
그런 자취가 새겨 있는가
지나간 당신들의 조상은
그처럼 겸손했거늘
그처럼 어질었거늘…

언젠가
내 그늘을 거두고
고향으로 돌아가는 날
나는 증언하리라
잔인한 무리들을
모진 그 수성獸性들을

보라!
내 이 상처투성이의 처참한 얼굴을

- 물 맑고 수풀 우거진 합천 해인사. 거기 신라의 선비 최고운
崔孤雲 님이 노닐었다는 학사대學士臺에는, 유람하는 나그네들
의 이름자로 온몸에 상처를 입은 채 수백 년 묵은 전나무가
한 그루 서 있다.

○ 1963년 10월 1일

정물靜物

– 거리距離

한 쟁반 위에
한 사과 알의 빛을
이만치서 바라보다
날 저물고

이제
과일이란
맛보다도
바라보는
그리움

은하銀河 건너 별을
두고 살듯…

너무 가까이 서지 맙시다
너무 멀리도 서지 맙시다

○ 1964년 3월 1일

미소微笑

어느 해던가
욕계欲界 나그네들이
산사山寺의 가을을 찾아왔을 때
구름처럼 피어 오른
코스모스를 보고
때 묻은 버릇을 버리지 못했다

이 한때를 위한
오랜 기다림의 가녈은 보람을
무참히 꺾어버리는
손이 있었다
앞을 다투는 거친
발길이 있었다

아름다움을
아름답게 지니지 못하는
어둡고 비뚤어진 인정들…

산그늘도 내리기를 머뭇거리던
그러한 어느 날
나는
안타까워하는 코스모스의
눈매를 보고
마음 같은 표지를 써 붙여 놓았다

○ 1964년 9월 27일

먼 강물 소리

창호窓戶에
산그늘이 번지면
수런수런 스며드는
먼 강물 소리

　이런 걸 가리켜 세상에서는
　외롭다고 하는가?
　외로움쯤은 하마
　벗어버릴 때도 되었는데
　이제껏 치른 것만 해도
　그 얼마라고

살아도 살아도
늘 철이 없는 머시매
내 조용한

해질녘 일과라도
치를까 보다

노을에 눈을 주어
아득한 우회로迂回路를…

호오 호오
입김을 불어
호야를 닦고

물통에 반만 차게
물을 길어 오자

○ 1965년 1월 17일

병상에서

누구를 부를까
가까이는 부를 만한 이웃이 없고
멀리 있는 벗은 올 수가 없는데…

지난밤에는 열기熱氣에 떠
줄곧 헛소리를 친 듯한데
무슨 말을 했을까

앓을 때에야 새삼스레
혼자임을 느끼는가
성할 때에도 늘 혼자인 것을

또
열이 오르네
사지四肢에는 보오얗게

토우土雨가 내리고
가슴은 마냥 가파른 고갯길

이러다가 육신은
죽어가는 것이겠지…

바흐를 듣고 싶다
그중에도
'토카타와 푸가' D단조를
장엄한 낙조落照 속에 묻히고 싶어

어둠은 싫다
초침 소리에 짓눌리는 어둠은
불이라도 환히 켜둘 것을

누구를 부를까
가까이는 부를 만한 이웃이 없고
멀리 있는 벗은 올 수가 없는데…

○ 1965년 4월 4일

식탁 유감

(1)
우리는
풀을 뜯는 초식동물

식탁은 그러니까
순수초원

불면 날을 듯한
까칠한 잎새들

오고 가는 몸짓에도
푸성귀 냄새

(2)
'성한 몸에 성한 정신'
새삼스런 말씀

주지를 맡아도
임기를 못 채우고

한낮에도 안개 속
가벼운 체중體重

한국 비구승의
창백한 식성

(3)
먹는 것이 가늘수록
시은施恩이 적느니라
아암 그렇고말고
그 무게가 어떤 것이라고

병들어 먹는 약이
시물施物이 아니라면

청산靑山 아래 한주閑主 자리
쓸쓸한 미소

○ 1965년 5월 30일

내 그림자는

너를 돌아다보면
울컥, 목이 메이더라
잎이 지는 해질녘
귀로歸路에서는

앉을자리가 마땅치 않아
늘 서성거리는
서투른 서투른 나그네

산에서 내려올 땐
생기生氣 파아랗더니
도심의 티끌에 빛이 바랬는가?

'피곤하지 않니?'
'아아니 괜찮아…'

하지만 21번 합승과
4번 버스 안에서
너는 곧잘 졸고 있더라
철가신 네 맥고모처럼

오늘도 너는 나를 따라
산과
시정市井의 기로에서
수척해졌구나
맑은 눈매에는 안개가 서리고…

'스님, 서울 중 되지 마이소'
그래 어서어서 산으로 데려가야지
목이 가는 너를 돌아다보면
통곡이라도 하고 싶어
안스러운 안스러운 그림자야

○ 1965년 10월 17일

입석자立席者

그에게는
카렌다를 걸어둘 벽壁이 없다

바람소리 들으며
먼 산 바라볼 창窓이 없다

꿇어앉아
마주 대할 상像이 없다

계절이 와도
씨를 뿌리지 못한다

그는 늘
엉거주춤한 앉음새로
지도가 붙은 수첩을 꺼내들고

다음날 하늘 표정에 귀를 모은다

그는
구름 조각에 눈을 팔리느라
지상의 언어를 익히지 못했다

그는
뒤늦게 닿은 시민이 아니라
너무 일찍 와버린 길손이다

그래서
입석자立席者는
문밖에 서성거리는
먼 길의 나그네다

○ 1967년 2월 26일

초가을

– 원관산유색遠觀山有色

지난 밤

산골에 몸부림하던 소나기

여름날에 못다한

열정을 쏟더니

오늘은

안개

수척해진 수림樹林에

달무리 안개

저 무색계천無色界天에

'비둘기'라도 띄울까

산방山房

한나절의

허허로운 이 무심無心을

원관산유색遠觀山有色

근청수무성近聽水無聲

다로茶爐에 차는 끓어도

더불어 마실 이 없네

여름철 도반들은

엊그제 하산을 하고

해발 천이백

눈 감고

귀로 듣는

초가을 안개

비발디의 '가을'

아다지오 몰토

○ 1968년 9월 1일

다래헌茶來軒* 일지

연일 아침안개
하오下午의 숲에서는 마른 바람소리

눈부신 하늘을
동화책으로 가리다
덩굴에서 꽃씨가 튀긴다

비틀거리는 해바라기
물든 잎에 취했는가
쥐가 쏠다 만 맥고모처럼
고개를 들지 못한다

---

*   다래헌茶來軒은 강 건너 있는 봉은사 별당

법당 쪽에서 은은한 요령 소리
낙엽이 또 한 잎 지고 있다

나무들은 내려다보리라
허공에 팔던 시선으로
엷어진 제 그림자를

창호窓戶에 번지는 찬 그늘
백자白瓷 과반果盤에서 가을이 익는다

화선지를 펼쳐
전각에 인주印朱를 묻히다
이슬이 내린 정결한 뜰
마른 바람소리
아침 안개

○ 1969년 11월 9일

숲 으 로

돌 아 가 리 로 다

성탄聖誕이냐? 속탄俗誕이냐?

잔치를 벌이고 있었다. 그 절 주지 스님의 생일이라고 했다. 그 스님을 따르는 신도들이 장꾼처럼 모여서 웅성거렸다. 이날을 위해 충성스런 신도들은 백일 전부터 기도를 붙였다는 것이다. 주지께서는 새로 만들어온 값진 옷을 입고 치맛자락에 둘러싸여 희희낙락喜喜樂樂 화기 띤 얼굴로 비단 방석 위에 앉아 계셨다.

4월 초파일! 이날은 부처님이 탄생한 날이 아니다. 실달태자悉達太子가 자기 엄마한테서 나온, 그러니까 한낱 속인俗人의 생일이다.

부처님에게도 굳이 생일이 있어야 한다면, 그날은 성도成道한 날이어야 할 것이다. 8만4천 번뇌를 말끔히 털어버리고 '지혜의 눈'을 뜨면 바로 그날이라고.

섣달 초여드레! 겨우 '마지'나 한 불기 올리는 것으로 소홀히 해치우는 그 성도절成道節을 우리는 해마다 보아오고 있다. 사문보다는 왕자의 쪽이 부러워서일까? 아니면 그때는 등이 팔리지 않아서일까?

5월의 훈풍薰風을 타고 경향 각지의 사원에서는 바야흐로 축제 기분으로 일색一色. 얼마짜리 등이 생산코스트와는 상관도 없이 활발히 거래되는 호경기 속에서 '빈자貧者의 일등一燈'을 들먹이지 않더라도, 그 얼마짜리 등에 따라 신념이 척도된다면 이보다 더한 착각은 없으리라.

거액을 들여 거리거리에 아치를 세우는 등 예년보다 더 호화로운 행사를 하리라고 야단이다. 아직도 승단은 길을 잃은 채 제구실을 못하고 있는데, 오늘도 사원의 문전에는 헐벗고 굶주리는 이웃들이 줄을 잇고 있는데….

부처님은 자비의 화신. 자비 대상은 물론 중생. 이런 불협화음 속에서 부처님은 과연 탄생할 것인가, 질식할 것인가?

○ 1966년 5월 29일

돌아가리로다

달리는 소리, 구르는 소리, 부딪치는 소리, 깎이는 소리, 짖어 대는 소리… 그리고 음악이라는 미명 아래 메스껍게 뒤틀리는 소리며, 잊어버릴 만하면 발작하는 전화의 벨소리까지. 소리 소리 소리…

우리는 눈을 뜨기가 무섭게 이런 '바깥소리'에 팔리며 산다. 적어도 영광스러운 현대인들은 초조하고 불안해서 그 소리를 찾아나서는 것이다. 말하자면 고독이 싫다는 것이겠지.

시시각각 그러한 '시장의 소음'에 묻혀 살아야 한다는 것은 분명 현대의 비극이다. 바깥소리에 팔리노라면 자기소리를 잃고 말기 때문에. 가장 깊숙한 데서 나직이 들려오는 '내심의 소리'는 곧 우주질서의 하모니이다. 먼 강물 소리 같은.

해서 구도자들은 무성처無聲處인 '아란야'를 찾아 숲으로 들어가는 것이다. 어떤 나라에서처럼 관광의 대상물이 되기 위해서가 아니라 오로지 내심의 소리를 듣기 위해서다. 거기 솔바람 소리와 시냇물 여음餘音, 그리고 숲속에 깃드는 새소리는 차라리 내심에로의 통로인 것이다.

구도자가 내심의 소리를 들을 수 없다는 것은 최상급의 불행이다. 그는 자기 갈 길을 잊어버리고 있기 때문이다.

요즘 거리는 너무나 많은 먹물 옷들이 나돌고 있다. 마치 인플레 하에서 난발된 지폐쪽지처럼. 얼마만큼의 유통가치가 있을 것인가는 그들의 언어와 동작을 보면 환히 알 수 있으리라.

돌아가리로다. 돌아가리로다. 내심의 소리를 들으려 모두들 숲으로 돌아가리로다.

○ 1966년 6월 5일

동작동銅雀洞의 젊음들은…

6월이 오면 진혼鎭魂이 흐르는 조국의 산하. 그것은 아직도 아물지 않은 겨레의 상흔傷痕. '카인의 후예後裔'들이 미쳐 날뛰던 악惡의 계절에도 장미는 피는가….

6월 아침, 눈길은 뜰에 핀 핏빛 장미꽃을 타고 강 건너 동작동 그 '침묵의 마을'로 향하는 것이다. 무수한 젊음들, 젊음들. 피어나기도 전에 뚝뚝 저버린 애절한 젊음들이 생의 궤도를 벗어나 이곳으로 이주하게 된 것은 누구의 의지일까….

지나간 어느 날 의사당 안의 풍경風景 한 조각. 바깥 싸움터로 군대를 보내느냐 마느냐 하는 엄숙한 결정의 마당에서 어떤 '손'들은 꾸벅꾸벅 졸고 있었더란다. 소홀한, 너무나 소홀한 생명 관리. 그것이 비록 빵과 목숨을 바꾸어야 하는 비극스런 상황이었다 할지라도.

적어도 그들은 가부를 내리기 전에 한번쯤 강 건너 그 침묵의 마을을 눈앞에 그려야 했을 일이다. 그 젊음들이 숨져갈 때 부르짖던 마지막 말에 귀를 기울여야 했을 일이다. 그것은 '소대장님'이었을까. 아니면 '어머니'였을까.

　전쟁은 악이다. 그 어떠한 명분에서일지라도 살육하고 파괴하는 전쟁은 악이다. 야수들처럼 서로 물고 뜯으며 피를 찾는 살기 띤 눈이, 결코 우리들 '인간의 눈'일 수는 없다.
　6월이 장미의 계절일 수는 없다. 아직도 우리 조국의 산하에서는….

○　1966년 6월 12일

망우리 유감

　언제부터인지 토우土雨가 부옇게 내릴 무렵이면 으레 한 닷새 시름시름 앓았다. 베갯머리에 솔바람 소리가 먼 바다의 해조음海潮音처럼 들려왔다. 아득한 그 소리에서 죽음의 발자취 같은 것을 느낄 때가 있다.

　그러던 어느 날 문득 망우리忘憂里에 가보고 싶은 생각이 일었다. 홍제동 쪽은 빛깔이 너무 짙어 시詩가 없을 것 같았다. 이렇게 갑작스런 생각을 하게 된 것은 성에 차지 않은 내 생을 조명하고 싶어서였을까.

　여지餘地가 없는 무덤의 행렬은 거기 그렇게 있었다. 말하자면 주택난은 이곳에도 마찬가지였다.

　망우리! 과연 이 마을에서는 온갖 근심 걱정을 잊어버리고, 솔바람 소리나 들으며 누워 있는 것인지. 차갑게 지켜 서 있는 그 벗들만 아니라면 정말 지극히 평온해 보일 것 같았다. 죽어

본 그들이 살아 있는 우리에게 하고 싶은 말은 무엇일까? 만일 그들을 깊은 잠에서 불러일으킨다면 그때 그들은 되찾은 생을 어떻게 살아갈 것인지.

사형수에게는 일 분 일 초가 생명 그 자체처럼 실감된다고 한다. 그들에게는 내일이 없기 때문이다. 늘 오늘을 살고 있는 것이다. 그런데 우리는 오늘에 살고 있으면서도, 다음날로 미루며 내일에 살려고 한다. 그래서 생명의 한토막인 하루하루를 소홀히 흘려버리기 일쑤다.

사형수는 자기가 죽을 시각을 미리 알고 있고 우리는 그것을 모르고 있는 것이 다를 뿐. 그러니까 우리는 형기를 모르는 사형수이다. 그러면서도 자기만은 특사特赦 되기를 바라는 지독한 에고이스트.

"제행무상이니라, 부지런히 정진하라."

이것은 부처님이 남기신 마지막 말씀이다. 우리도 언젠가 한번은 죽기 마련이다. 죽음의 나그네가 우리를 호명할 때 "예!" 하고 선뜻 털고 나설 수 있는 연습을 해두어야겠다. 그 연습이란 일상의 정진精進에서 쌓이는 것. 때문에 우리가 두려워 할 것은 죽음이 아니라, 생 그것이다. 우리는 어떻게 살아야 할 것인가. 우리는 무엇을 해야 할 것인가.

○ 1967년 4월 23일

가사상태假死狀態

지난해 가을 한국종교인협회 모임이 익산 원불교본부에서 열린 때의 일입니다. 몇 분 스님들과 함께 필자도 그 자리에 끼어 이틀 동안 빈틈없는 스케줄을 따라 지내다 온 일이 있습니다. 그때 우리들에게 가장 곤란한 것은 식탁이었습니다.

신부님을 비롯해서 다른 교직자教職者들은 식사 때마다 즐겁게 먹곤 했는데, 우리는 먹는 체 하고만 말았습니다. 빈 젓가락을 들고 우물쭈물 하는 것을 딱하게 여기고 "생선은 괜찮지요?" 하였지만, 우리가 먹을 수 있는 찬은 장 한 가지뿐이었습니다.

이렇게 먹는 둥 마는 둥 서너 끼니를 지내니, 맥이 빠져 '회의고 뭐고 뜨뜻한 방에서 좀 쉬었으면 좋겠다'는 것이 한결같은 소원이었습니다. 우리는 다른 종교인들에게 체력으로는 지고 있다는 것이 그때의 솔직한 느낌이었습니다.

물론 우리가(아니, 필자 자신이) 하고 있는 짓으로 봐서는 지금 수용하고 있는 음식도 과분합니다. 그러나 예의 '과로'라는 증상으로 자주 앓아눕게 될 때마다 식생활에 대해서 생각하지 않을 수 없습니다.

이런 생태로 살다가는 구도자의 사명은 고사하고 몸시중만 하다가 아무 일도 못할 것 같은 생각이 듭니다. 지금 승려들이 이렇다 할 작업하나 못하고 입만 살아 허송세월을 하는 것도, 못난 소리 같지만 결국 '흡수와 배설의 균형'을 잃고 있기 때문이 아닌가 변명하고 싶습니다.

이 몸뚱이가 유기체라는 사실을 우리는 시시로 경험합니다. 어떤 음식을 먹고 사느냐가 자랑될 일은 아닙니다. 종교인으로서 오늘의 현실에 무슨 일을 어떻게 하고 있느냐가 문제인 것입니다. 우리 승단의 식생활은 시급히 개선되어야 할 일들 중에 하나입니다. '단료형고但療形枯'의 희미하고 소극적인 뒤뜰에서 벗어나, 적극적인 참여의 앞마당으로 나와야 하기 때문입니다.

식생활의 개혁은 헤비급 체중을 유지하기 위해서가 아니라, 누렇게 발효된 채 가사상태假死狀態에 놓여 있는 한국불교의 동작을 위해서인 것입니다.

○ 1967년 11월 12일

적정처寂靜處

마가다의 빔비사라 왕은 부처님이 수행승으로 있을 때부터 숭배하던 터였다. 성도 후 설법을 듣고 부처님께 귀의, 왕사성王舍城 교외에 있는 죽림원竹林園을 부처님의 교단에 기증하였다. 그때 왕은 죽림원 기증의 이유를 이렇게 말하였다.

"여기 죽림원은 왕사성에서 멀지도 가깝지도 않은 거리에 있어 내왕에 편리하다. 그러므로 누구든지 부처님을 뵙고 설법을 들으려면 어렵지 않게 갈 수가 있다. 낮에도 조용하고 사람들이 자주 드나드는 곳이 아니므로 수행자들이 공부하기에는 꼭 알맞은 처소다. 이 동산을 부처님이 이끄는 교단에 기증해야겠다."

여기에 세워진 죽림정사가 불교교단에서 가진 최초의 사원임은 우리가 익히 아는 바다. 그런데 '왕사성都邑에서 멀지도 가깝지도 않은 거리'라고 그 위치를 강조한 것은 불교의 사회성을 이해하는 데에 좋은 자료가 아닐 수 없다. 같은 사원의 위치는 비

강원도 오두막 '수류산방' 정랑(화장실).

단 걸식에만 편리한 것이 아니고 곧 '참여參與의 거리距離'일 수도
있기 때문이다.

　절이 도시로부터 너무 멀리 떨어져 있을 때 그곳이 관광의 대
상은 될지 모르나 오늘을 사는 이웃에게 교화의 사명을 제대로
할 수가 없다. 더구나 희미한 부동자세로 세상물정에 어두운 것
을 오히려 미덕처럼 뽐내는 신화시대의 종교인이 아니고 약동하
는 현실사회에 나서서 베풀고 이끌어야할 기능시대의 종교인이
라면 멀리서는 그 기능을 다할 수 없는 것이다.

　그렇다고 해서 요즘 일부 '겉치레 신도들'의 신경질적인 고함
소리대로 출가승의 설 자리가 도심으로만 내려올 경우, 교화 이
전의 '금일개업'에는 성황을 이룰지 모르지만, 얼마 안가서 승가
본래의 의미와 구실조차 잃고 말 것이다. 적어도 오늘 한국 비
구승의 불가사의한 체질로서는 그렇게 되기 쉽다는 말이다.

우리 교단의 빈혈성貧血性은 산과 시정市井의 어느 일방만을 통행하려 드는 극단에 기인한지도 모르겠다. 거리의 조화를 망각한 저마다의 집착 때문인지도.

적정처寂靜處는 부처님과 그 제자들이 살던 생활환경이다. 도시로부터 너무 멀지도 가깝지도 않은 그러한 거리에서라야 내심의 소리[上求]와 바깥 소리[下化]를 함께 들을 수 있는 것이다. 물줄기가 시원찮은 우물은 조그마한 가뭄에도 이내 마른다. 종교인의 샘도 예외일 수 없다.

너무 가까이 서지 말기를.

너무 멀리도 있지 말기를.

○ 1968년 5월 19일

부처님 전 상서

부처님, 이 제자의 목소리를…

"부처님! 당신의 가사와 발우를 가진 제자들은 오늘날 이 겨레로부터 불신을 받고 있습니다. 그리고 여기에는 충분한 이유가 있을 것입니다. 저는 이제 제 주변을 샅샅이 뒤져 헤치는 작업을 해야겠습니다."라고 피맺힌 호소를 하고 있는 젊은 스님의 육성에 귀를 …… (편집자)

서장

부처님!

아무래도 말을 좀 해야겠습니다. 심산에 수목처럼 덤덤히 서서 한세상 없는 듯이 살려고 했는데, 무심한 바위라도 되어 벙어리처럼 묵묵히 지내려 했는데, 이렇게 또 입을 열게 되었습니다. 이 울적한 심회心懷를 당신에게라도 목소리하지 않고는 답답해 배겨낼 수가 없습니다.

부처님!

먼저 저는 당신 앞에 당신을 욕되게 하고 있는 오늘 한국불교도의 한 사람으로서, 당신의 제자된 사명을 다하지 못하고, 오히려 당신의 이름을 팔아 무위도식하고 있다는 처지에서 엎드려 참회를 드립니다.

오늘 우리의 주변이 이처럼 혼탁하고 살벌한 것도 저희들이 해야 할 일들을 다하지 못하고 있는 데서 연유한다는 것을 잘 알고 있습니다. 현재 한국이라는 이 헐벗은 땅덩이 안에서 자비하신 당신의 가르침은 이미 먼 나라로 망명해 버린 지 오래이고, 빈 절간만 남아 있다는 말이 떠돕니다. 그리고 이른바 당신의 제자라는 이들은 마치 투쟁견고시대鬪爭堅固時代의 표목標木같은 군상들로 채워져 있다고도 합니다.

당신의 가사와 바루를 가진 제자들이 오늘날 이 겨레로부터 마치 타락된 정치가들처럼 불신을 받고 있는 점에도 충분한 이유가 있을 것 같습니다. 이제 여름이 가고 가을이 짙어지고 있습니다. 가을은 결실과 수확의 계절이라고들 하는데, 우리에게는 결실할 밑천도 거두어들일 만한 열매도 없습니다. 기대할 수도 없는 일이지만, 이 불모의 황무지에 밝은 씨앗이라도 뿌려졌으면 하는 간절한 소망에서, 저는 이제 제 주변을 샅샅이 뒤져 헤치는 작업이라도 해야겠습니다. 말하자면, 내일의 건강을 위해

1956년 해인사 일주문 앞에서 도반과 함께(우측).

서 오늘 앓고 있는 자신의 질환에 대한 진단 같은 작업을 말입니다.

교육의 장

부처님!

'대한불교조계종'이라는 기치 하에서는 걸핏하면 삼대사업三大事業이 어떻고 하는 말을 자주 듣게 됩니다. 그만큼 그 일은 시급한 저희들의 과업입니다. 그 가운데서도 가장 긴요한 것이 사람이 없다는 이 집안이기 때문에, 당신의 혜명을 이어받을 수 있는 인재를 기르는 교육임은 더 말할 것도 없습니다.

그런데 이런 일들은 지금껏 입으로만 주문처럼 외워지고 있을 뿐 실제로는 거의 무시되고 있습니다. 지금 몇몇 사원에서 벌이고 있는 강당이나 선방이라는 것도 진정한 의미에서 당신의 뜻을 이어받을 눈 밝은 '인재'를 양성하기 위해서라기보다는, 한낱 도량장엄 정도로 차려 놓은 것에 불과한 인상들입니다.

그것은 실로 '교육'이라는 말조차 무색하리만큼 전근대적인 유물로서, 박물관 진열장으로나 들어가야 할 쓸모없는 몸짓에 지나지 않습니다. 거기에는 타당한 방법론도 구체적인 계획성도 부재합니다. 사제 교육의 기초기관인 강당에서 현재 수행되고 있는 그 방법이란 철저하게 훈화적인, 그러니까 한문 서당에서 상투를 틀고 가르치던 그 습속習俗을 소중하게, 너무나 소중하게 물려받고 있습니다.

한 강사가 여러 클래스를 전담해 강講을 하고 있으니, 전체 학인을 명령일하命令一下에 통솔하기는 편리할지 모르지만, 강사 자신의 육체적인 부담과 정신적인 실조失調, 그리고 강講 받는 사람들이 섭취할 건덕지가 얼마나 있을지는 뻔한 사실이 아니겠습니까?

그 이력과목이라는 게 조선 중엽에 비롯된 것이라는데, 지금의 형편이나 피교육자의 지능 따위는 전혀 무시하고 또 시대적인 요구도 아랑곳없이 하나의 타성으로서 무비판하게 답습하고 있을 뿐입니다. 그것이나마 얼마동안에 배워 마친다는 정해진 기간도 없이. 이처럼 무모한 교육이 어느 다른 사회에도 있는지 모르겠습니다.

대체의 경우, 가르치는 이나 배우는 사람들이 종교가 무엇인지, 혼미한 오늘의 현실에 종교인으로서 어떠한 사명使命을 해야 할 것인지를, 풍문으로나마 가르치고 배웠다는 말을 들어본 적이 없습니다. 당신의 끼친 목소리를 듣기 위한 훈고적인 문자의 전달도 필요한 일이겠지만, 적어도 그것이 현대라는 시점에서 소위 일체중생의 길잡이가 될 인재를 기르기 위한 종교교육이라면, 생동할 수 있는 사명감을 불러 일으켜 주어야 합니다. 철학이 두뇌의 영역이라면, 종교는 심장의 영역일 것입니다. 메마른 심장으로야 자신은 고사하고 어떻게 이웃을 울려줄 수 있겠습니까?

또 당신의 제자된 사람이 당신의 가르침에는 아예 귀를 기울이려고 하지 않고, 비좁은 자기 나름의 소견에만 고착된 이들이 적잖이 있습니다.

선방이란 곳에서는 '불립문자不立文字'의 본래 의지를 곡해한 듯 전혀 당신의 가르침에 대한 기초교육도 없는 이름을 함부로 받아들여 선禪 자체에 대한 오해마저 초래케 하는 수가 흔히 있습니다.

선이 수행의 구경목적이 아니고, 그것이 깨달음으로 향한 한낱 방편일진대, 보다 탄력 있는 시야쯤은 갖추어도 좋지 않겠습니까? 더구나 첫 문에 들어선 초발심자에게 있어서는 '막존지해莫存知解'라는 말과 배우지 않아 아무것도 '모른다'는 말과는 그 궤軌가 분명히 다른 줄 압니다.

흔히 참선자가 선禪에 참參하기보다는 선禪에 착著하기 일쑤이고, 따라서 종교인으로서는 상상조차 할 수 없는 배타적이고 독선적인 벽 속에 스스로를 가두면서도, 그것으로써 오히려 자락自樂을 삼는 것은 모두 이러한 결함에 그 중요한 원인이 있는 것 같습니다.

부처님!

당신이 만약 오늘 이 사회에 계신다 하더라도 당신의 제자들을 이렇게 무모한 방법으로 가르치시겠습니까?

어설픈 화신化身들

교육 이전의 이러한 불합리성 때문에 이 나라의 시정市井에 있는 절간에 가면 기이한 현상이 있습니다. 젊은 우리 사미승들이 그늘진 표정으로 이중생활을 하고 있는 것을 흔히 목격합니다. 절에서는 치의緇衣를 입고 절 문 밖에서는 속의俗衣를 입는, 마치 낮과 밤을 사이하여 치장을 달리하는 박쥐라는 동물처럼, 불전에서 목탁을 치던 한낮의 손이 해가 기울면 학관學館의 문을 열고 있습니다. 배우고 싶은 일념에서 이처럼 어설픈 화신化身을 나투게 된 것입니다. 그들의 왕성한 향학의 욕구를 절간에서는 채울 수가 없기 때문입니다.

또 그들 학자學資의 출로出路란 대개 떳떳한 것일 수가 없습니다. 삼보에 희사한 정재가 잘못 유유流遺될 수도 있을 것이며, '낯을 익혀 둔' 신도들이 떨치고 간 지폐에 의존하는 수도 없지 않을 것입니다. 그러나 신도가 돈을 쥐어줄 때 그것으로서 세속의 업을 익히라고 내놓지는 않았을 것입니다. 순수할 수 없는 조업造業으로 내 건전한 회향을 바랄 수는 없습니다. 잘못하면 주는 편이나 받는 편이 함께 타지옥墮地獄의 업만 익히게 될 것입니다.

부처님!

모처럼 어린 마음으로 구도의 문에 들어섰던 그들이 도업을 이루기에 앞서 다시 속俗을 기웃거려야 한다는 것은 슬픈 일입니다. 산사에서 간신히 이수과정을 마친 학인들이 외전外傳을 갖추기 위해서라는 명분 아래 하산한 뒤로는 거의가 불귀不歸의 승僧이 되고 맙니다. 이러한 수는 날이 갈수록 늘어만 가고 있습니다. 미래를 기대해야 할 젊은 세대간에 이와 같은 유쾌하지 않은 현상이 어찌 그들만의 탓이겠습니까? 이런 일을 언제까지고 모른 체 하고만 지낼 수가 있겠습니까?

잘못된, 너무나 잘못된

부처님!

이런 어처구니없는 일도 있습니다. 요즘 한국불교계에는 '급조승急造僧'이란 전대미문의 낱말이 나돌고 있습니다. 승려라 하면 일반의 지도적인 입장에 서야 한다는 것은 너무나 당연한 상식입니다. 그런데 그 자질여부는 고사하고 일정한 수업도 거치지 않고 활짝 열려진 문으로 들어오기 바쁘게 삭발削髮과 의상 교체가 너무나 신속하게 진행되고 있습니다.

그래서 당신의 제자로서의 품위나 위신이 낙후된 경제사회에서 부도가 나버린 공수표처럼 말할 수 없이 진흙탕에 깔리고 말았습니다.

더구나 이들이 사원을 주관하게 되는 경우가 적지 않으니 그저 한심스러울 뿐입니다. 그들이 언제 수도 비슷한 것이라도 치를 겨를이 있었겠습니까? 그러기에 출가 이전의 세속적인 행동거지가 그대로 잔존될 따름입니다. 그래서 신문의 삼면에서는 가끔 '사이비승'이란 기사거리와 더불어 세상의 웃음을 사고 있습니다.

다른 한편 어떤 사원에서는 처음 입산하려는 사람의 학력이 학부 출신이거나 좀 머리가 큰 사람이면 무슨 자랑스러운 가풍이나 있는 것처럼 더 물을 것도 없이 문을 닫아버립니다.

거절의 이유인즉 '콧대가 세서 말을 잘 안 듣는다'는 것입니다. 이것은 표면적인 구실에 지나지 않고 사실은 다루기가 벅차서일 것입니다. 우선 지적인 수준이 이쪽보다 우세하기 때문에 하나의 열등의식에서 거부하는 것입니다.

그 한 반증으로서 인간적인 기본 교양도 없는 만만한 연소자年少者는, 그나마 노동력이 필요할 때를 타서 받고 있는 실정實情이니 말입니다.

부처님!

이와 같이 구도자로서의 자질과 미래상이란 전혀 찾아볼 수도 없는 우매한 고집들이 수도장을 경영하고 있는 동안 당신의 가르침인 한국불교의 표정은 갈수록 암담할 수밖에 무슨 길이 있겠습니까? '악화惡貨가 양화良貨를 구축한다'는 그레샴의 법칙이 오늘 우리 사회에서는 너무나 비대하게 설치고 있습니다.

얼마 전에 종단의 의결기관인 중앙종회에서는 몇 군데 계획적인 수도장으로서 총림을 두기로 했다지만, 이러한 무질서가 건재하고 있는 소지素地에서 우리는 무엇을 더 기대할 수 있겠습니까?

○ 1964년 10월 11일

정화이념을 결자結字하는 노력이 있어야

"부처님, 지금이 어느 때라고 이런 샤머니즘이 횡행해야 되겠습니까? 마치 중세 구라파에서 한동안 치부에 여념이 없던 살찐 가톨릭의 성직자들이 면죄부免罪符라는 부적을 팔던 것과 너무나 흡사합니다."라고 필자는 오늘을 이끌 불교의 자세가 극히 극히 위험스러움을 이야기하고 있다. 오늘의 불교가 가진 사명이 지극히 중차대함에 비추어 가차 없는 준렬한 비판이 있음으로써 사명을 다할 수 있는 길을 모색하는 아픈 참회를 호소하며 개혁이 있어야 할 것을 강조하고 있어 주목을 끈다. 특히 여러 독자들로부터의 투고에 의하면 종단의 모든 불자들이 먼저 자기비판이 있어 모두가 정화이념을 결자結字하는 노력이 있어야 하겠다고 한다. 따라서 여기 한 독자의 거짓 없는 '목소리'를 게재하여 모두의 광장을 마련한다. (편집자)

황색의자黃色椅子

부처님!

세상에는 '벽감투'란 말이 있습니다. 설명할 필요도 없이 자격 없는 사람에게 갑자기 얻어진 높은 벼슬을 말한 것입니다. 그것이 세속에서는 오욕 중 하나라는 것도 우리는 잘 알고 있습니다.

그런데 세속을 여의었다는 당신의 제자들도 그 '높은 자리'에 앉아 버티기를 세속 사람들 못지않게 좋아하는 것을 요즈음 흔히 봅니다. 마치 그런 감투나 뒤집어쓰기 위해 이 문 안에 들어온 것처럼 한 번 그 자리를 차지하면 자기 분수도 돌아보지 않은 채 노랗게 탐착하고 있으니 말입니다. 정권을 탐하여 수단과 방법을 가리지 않는 저 마키아벨리즘의 무리들처럼 말로라도 세상의 욕락을 떠나 출가수도 한다는 이들에게 무슨 '장長'이 그리도 많습니까? 그나마도 솔직하지 못한 것은, 그런 일이 전혀 자의가 아닌 타의에서 이루어진 것처럼 행위하고 있다는 점입니다.

물론 개중에는 개인의 수업을 온전히 희생하고 대중의 외호에 전력을 다하고 있는 보살의 화현 같은 이도 없지 않습니다. 오늘날의 사회구조로 보아 본의는 아니나마 그 '긴 의자'에 걸터앉아야 하고 사원의 운영을 안 할 수도 없습니다. 그러기에 기왕 호삼보護三寶의 길에 들어섰으면 어디까지나 불제자 된 분수와 출세간적인 입장에서 사심 없이 공정하게 집무해야 할 것임에도 삼보의 정재를 함부로 탕진하고 나아가서는 승려로서의 본분을 이탈한 채 사회적으로 불미스런 물의를 일으키고 있는 사례를 우리는 그동안 드물지 않게 보아오고 있습니다. 기본 재산이 좀 여유 있거나 수림이 우거진 절은 서로가 차지하려고 눈에 불을 켜고 날뛰는 꼴을 우리는 불행하게도 많이 보아왔습니다. 그 저의는 얼마 안가서 결과가 증명하고 있었습니다.

희사함喜捨函을 치워라

부처님!

당신의 성상聖像이 모셔진 법당에 들어서면 맨 먼저 눈에 뜨이는 것이 자비하신 당신의 '이미지'가 아니라, 입을 딱 벌린 채 버티고 있는 불전통[喜捨函]이라는 괴물입니다. 이 괴물의 번지番地는 바로 당신의 코앞입니다. 시정市井이나 산중에 있는 절간을 가릴 것 없이 그것은 근래 사원의 무슨 악세서리처럼 굳어져 버렸습니다. 당신이 이것을 내려다보실 때마다 얼마나 난처해 하실까를 당신의 제자들은 눈이 어두워 못보고 있는 성 싶습니다. 뿐만 아니라 한술 더 떠서 어떤 곳에서는 이런 간판까지 내걸고 있습니다.

'돈을 넣고 복을 비는 데'라고. 49년 당신의 장광설 가운데 이런 말씀을 하신 적이 단 한 번이라도 계셨습니까? 당신의 가르침이 사교가 아닌 무상한 정법임에도 복덕이라는 게 화폐로써 척도할 그런 성질의 것이겠습니까?

누가 보든지 낯간지러운 이 괴물은 시급히 철거되어야겠습니다. 적어도 당신의 상像이 모셔진 코앞을 비켜서만이라도.

극락행 여권?

부처님!

극락행 여권을 발급하고 있는 데가 있다면 세상에서는 무슨 잠꼬대냐고 비웃을 것입니다. 그런데 이것이 저 암흑의 계절 중세가 아니라, 오늘 당장 이 자리에 있는 일입니다. 그것도 푸닥거리나 일삼는 '무당절'에서가 아니라 이 나라에서도 손꼽는 대찰大刹들에서 버젓이 백주에 거래되고 있으니 어떻겠습니까? '다라니'라는 것을 찍어서 돈을 받고 팔고 있습니다. 야시장도 아닌데 이런 넋두리까지 걸쳐서 "극락으로 가는 차표를 사가시오." 하고 말입니다.

당신의 옷을 입고 당신이 말씀해 놓은 교리를 공부하는 이른바 당신의 제자라는 사람들이, 당신을 파는 이런 짓을 얼굴 표정 하나 구기지 않고 뻔뻔스레 자행하고 있습니다. 이것은 사교에서나 있음직한 혹세무민惑世誣民의 소행이 아니고 무엇입니까?

부처님!

지금이 어느 때라고 이런 샤머니즘이 횡행해야 되겠습니까? 마치 중세 구라파에서 한동안 치부에 여념이 없던 살찐 가톨릭의 성직자들이 '면죄부'라는 부적을 만들어 팔던 것과 너무나 흡사한 짓이 아닙니까?

이것이 그쪽에서는 종교정책의 한 불씨가 되었다고 하지만, 오늘 이 고장에서는 이 비슷한 일이 하도 많기 때문에 감촉이 마비되어버린 것입니다. 이러한 일로 말미암아 당신의 가르침이 이 나라에서는 가끔 억울하게도 미신과 동일하게 푸대접을 받고 있습니다. 실로 낯을 들 수 없는 일입니다.

불사의 정체

부처님!

불사라는 행사가 요즘에는 왜 그리도 많습니까? 걸핏하면 '백일기도' '만인동참기도' '보살계 산림' '가사불사' 탑에 물방울 정도 튀기는 '세탑불사洗塔佛事' 아이들 장난도 아닌데 위조지폐까지 발행해 가면서 하는 도깨비놀음 같은 '예수재' 등등… 이밖에도 일찍이 보고 듣지도 못한 별의별 희한한 불사들이 정말 비온 뒤의 죽순처럼 여기저기서 잇달아 만행되고 있습니다. 바야흐로 불국세계가 도래하는가 싶게 말입니다.

불사라는 본래 뜻은 제불의 교화를 가리킨 것으로 개안開眼·상당上堂·입실入室 등에 주로 쓰인 말인데, 요즘에는 흔히 승려들의 일용사에도 낙착된 감이 없지 않습니다. 물론 지금도 불사의 본래 뜻에 합당한 불사가 전혀 없는 것은 아닙니다.

그러나 이 가운데에는 흔히 불사란 이름을 내걸고 실속은 엉뚱한 데 있는 불사佛事 아닌 '불사不事'를 자행하고 있는 일이 적지 않습니다. 구도자의 양심에 비추어 보다 떳떳할 수 있는 법다운 불사가 얼마나 될는지 지극히 의심스럽습니다. '중이 돈이 아쉬우면 멀쩡한 축대라도 헌다'는 속담이 있습니다. 결코 웃어 넘길 수만 없는, 가슴을 찌르는 통절한 아이러니입니다. 그럴듯한 이름을 내건 '법회'라는 모임이 있을 때면, 으레 그 끝은 한꺼번에 몇 가지씩 두둑한 '권선책勸善冊'이 나돌기 마련입니다. 결코 '희사喜捨'일 수가 없도록 반강요하는 눈초리를 보냅니다. 재화를 다수 내놓으면 흔히 말하기를 '신심이 장하다'고 합니다.

재화가 신심의 바로미터일 수가 있겠습니까? 불사라는 미명 아래 신도들은 얻는 것보다는 잃는 것이 너무나 많습니다. 솔직히 말한다면 오늘날 한국불교의 순진한 신도들은 교화를 입기보다는 경제적으로 출혈적인 혹심한 수탈을 당하고 있습니다.

이리하여 '돈 없는 사람은 절에도 나갈 수 없더라'는 비불교적인 서글픈 탄식이 나오는가 봅니다. 지금 우리나라에 있는 승려의 총수가 얼마나 되는지, 그 가운데서 수도에 전념하는 의젓한 구도자가 몇이나 되는지, 관계 기관인 중앙총무원에서도 책계策計를 못하고 있는 실정입니다.

이에 반해서 포교당을 비롯해서 신도들을 자주 접촉하고 있는 절간에서는 신도의 일람一覽 카드가 어느 시청의 호적사무 못지않게 질서 정연히 정비되어 있는 데는 놀라지 않을 수 없습니다. 극성스러운 곳에서는 카드에 금전출납의 기재란까지 만들어 놓아 보는 이로 하여금 소름이 끼치도록 하고 있습니다.

부처님!

이런 짓을 포교의 사명처럼 착각하고 있는 안면신경이 두꺼운 당신의 제자들이 허다합니다. 불사라고 당신의 이름을 팔아 거행되는 그 양면에는 얼마나 셈 빠른 타산이 오르내리는지, 부처님도 아시게 되면 얼굴을 붉히시리다. 속이 유리처럼 빤히 들여다보이는데 이 어설픈 수작들은 휴일이 없습니다.

부처님!

그리고 이런 무자비한 횡포도 있었습니다. 시정市井에서 어떤 모임을 보면 너무나 세속적인 동작들에 슬퍼지기까지 합니다. 그 숨 막히는 조직사회에 염증이 나서 어쩌다가 당신의 문을 두드린 사람들을, 조직 속에 얽어매려는 선참인先參人들의 무자비한 횡포가 있습니다.

모처럼 찾아온 피곤한 나그네에게 앉을자리는 고사하고 트인 길조차 막아버려야 하다니! 싱싱하게 이끌어주어야 할 구도의 길을 짓눌러버려야 하다니! 더구나 이쪽이 물가적物價的으로 여유 있다는 것을 선참인先參人들이 알게 되었을 때, 그들의 식욕은 왕성하게 동動해서 상대방의 의사도 아랑곳없이 그 잘난 '신심信心'이라는 코걸이를 미끼로 내세우면서 감투를 뒤집어씌우는 이 노오란 술책術策! 우리는 그러한 모임에서 어떻게 순수한 종교생활을 기대할 수 있겠습니까?

또 요즘 항간에는 이런 어처구니없는 파라독스가 떠돕니다. '큰스님'의 체중體重이란 법력이나 도덕의 비중에 있는 것이 아니라, 돈 많은 신도들을 얼마만큼 확보하고 있느냐에 달렸다니⋯. 당신의 가르침을 받기 위해 귀의한 순백純白한 신앙인들을 마치 하나의 재원財源으로 착각하고 있습니다.

부처님!

불사란 말을 이 이상 더럽혀서는 안되겠습니다. 그것이 '불사不事'이어서는 안되겠습니다. 정말로 시급하고 긴요한 불사라면, 한시바삐 이 중생의 탈을 벗고 또한 벗겨주는 일이 아니겠습니까?

○ 1964년 10월 18일

이 혼탁混濁과 부끄러움을…

필자 법정스님은 이 고稿를 마치는 끝에 가서 '…지나치리만큼 무차별한 사격을 가한 것은 우리들이 당면한 오늘의 현실을 직시하라는 뜻에서이고 또 하나는 그 누구도 아닌 제 자신의 아픈 곳을 향해 자학적인 사격을 가한 것에 지나지 않는다'고 글을 쓰게 된 동기를 다시 밝히고 있다. 모든 인간이 그의 생존에 있어, 특히 수도하는 승려에게 자학이 미치는 영향이 좋지 않은 것은 누구나 안다. 더욱 염려스러운 것은 공부에 커다란 장애가 될 것이 뻔하다. 그러면서도 그 자학적인 몸부림과 스스로의 아픈 상처를 건드려 파헤치지 않고서는 견딜 수 없는 '바람'을 우리는 모두 받아들여야 하리라. 우리는 모두 같은 '바람'으로 해서 불자일 것이며, 그러한 우리가 각기 다른 방향을 향해 걷는다면 거기에는 텅 빈 공지空地만 남을 것이다. 불자된 '바람'과 의무와 그리고 우리들의 삶은 텅 빈 것이 되고 그 빈터에는 갖은 질병이 쌓이고 방향없는 헤매임만 있을 것이다. 지금 우리는 어떤 질병을 앓고 있는지도 모른다. 결코 누구도 질병에 걸리지 않았다고는 단언하지 못할 것이다. 그리고 그 질병 속에서 앞으로 나아갈 길목까지 잃고 있다면… 응당 우리는 내가 서 있는 자리를 돌아보고 방향을 찾아야 할 것이며, 또 자기의 생명을 깎아 내리는 병에 대한 진단과 처방이 있어야 할 것이다. 필자는 부처님에게 드리는 아픈 참회와 함께 앞으로 나아갈 자신(모든 불자를 포함한)의 방향과 진단을 하였다. 여기에 있다는 처방과 굳건한 행군이 있어야 하겠다. (편집자)

이 독살이를 보라

사원寺院이란 그 어느 특정인의 소유거나 개인의 저택일 수 없다는 것은 너무나 명백한 상식입니다. 오직 수도자가 도업을 이루기 위해, 한데 모여 서로 탁마해 가면서 정진해야 할 청정한 도량임을 더 말할 것도 없습니다.

이러한 사원이 소수의 특정인에 의해 수도장으로서 빛을 잃어가고 있는 것이 이제는 하나의 경향을 이루고 있습니다. 전체 수도자의 광장이어야 할 이 수도장이 자기네 '패거리'의 식성에 맞는 몇몇이서만 도사리고 앉아 굳게 문을 걸어 닫고 외부와의 교통을 차단한 채 비대해져가고 있습니다.

따라서 엄연하게 대중이 모인 회상임에도 대중의 의사가 무시되기 다반사이며 결코 건전한 것일 수 없는 개인의 협착한 소견이 전체 대중의 이름을 사취詐取하여 제멋대로 행사되는 수가 많습니다. 종래로 우리의 청백가풍淸白家風인 '대중공사법'이 날이 갈수록 그 자취를 감추어 가고 있으니 이것은 곧 화합과 청백성이 희미해지고 있다는 증거입니다. 어디를 가나 구역이 나는 것은 '권속관념眷屬觀念'이라는 그 세속적인 너무나 세속적인 악취, 그래서 원융한 회중會衆이어야 할 대중처소가 '독獨살이'로 전락되어 버렸습니다. 이른바 세속을 떠났다는 이 출세간에서까지 튼튼한 빽이 없이는 방부조차 내밀 수 없게 되었습니다.

 부처님!

 운수를 벗하여 홀홀 단신수도에만 전념하던 납자들이 늙고 병든 몸을 끌고 정착할 곳이 없어 여기저기 방황하고 있는 것을 보십시오. 소위 독신수도한다는 이 비구 승단의 회상에서 사원은 마땅히 수행하는 이의 집이어야 할 것임에도 정화 이전이나 다름없는 냉대를 받고 있지 않습니까. 개인과 직위의 한계는 엄연히 구분되어야 할 것입니다. 이것은 법이 선 사회의 질서입니다. 그런데 어떤 부류들은 이 한계마저 무시하고 개인이 의자의 힘을 빌어 권력같은 것을 신경질적으로 휘두르기가 예사입니다. 생각해 보면 저녁노을만치도 못한 하잘것없는 권세라는 것을 말입니다. 더구나 제행무상을 뇌이고 하는 이 출세간에서 말이지요.

그래서 대중이 모인 회상에서 공부해보겠다고 마음 내어 모처럼 찾아갔던 초학인初學人들도 발을 붙일 곳이 없어 되돌아가서는 생각을 고쳐먹고 저마다 '독獨살이'인 자기 영토를 마련하게 되었습니다. 자기 나름의 성곽城廓을 구축하기에 이른 것입니다. 하여 구도의 빛은 바래져가고 사명감도 내동댕이치게 된 것입니다. 그 길이 가야할 길이 아닌 줄 알면서도, 아닌 줄을 분명히 알면서도… 이런 시시한 일에 탐착하자고 저희들이 문 안에 들어선 것이겠습니까? 두골頭骨의 크기와는 당치도 않은 감투나 뒤집어쓰고 우쭐거리자고 할애출가割愛出家한 것이었습니까?

어서 이 혼탁을

부처님!
당신에게 올리는 이 글도 이제는 끝을 맺어야겠습니다. 제 목소리가 너무 높아버렸을지도 모릅니다. 아무 일 없이 조용하기를 즐기는 이들에게는 좀 시끄러웠을 것입니다. 아마 이 글을 읽은 사람이면 대개가 유쾌한 대열에는 서지 않았을 것입니다. 제 자신부터 유쾌한 기분으로 쓸 수는 없었기에.
하지만, 언젠가는 누구의 입을 빌어서든지 이러한 자기비판쯤은 있어야 할 줄로 믿습니다. 혼탁에서 벗어나기 위해서는 귀촉도歸蜀道의 외침이라도 있어야겠습니다.
구도의 길에서 가장 뗄 수 없는 일이 있다면, 그것은 부질없는 처세로써 위장할 것이 아니라, 시시時로 자기 위치를 돌이켜보는 참회의 작업일 것입니다. 자기반성이 없는 생활에 밝은 미래를 기약할 수는 없기 때문입니다.

오늘날 한국불교가 종교로서의 사명을 다하지 못하고 있다는 점은 숨길 수 없는 사실입니다. 시대와 사회에 이바지할 수 없는 종교라면 그것은 하등의 존재가치도 없습니다.

당신의 가르침이 우리 강토에 들어온 지 천육백년. 오늘처럼 이렇게 병든 적은 일찍이 없었습니다. 그 까닭은 물을 것도 없이 제자된 저희들 전체가 못난 탓입니다. 늘 당신에게 죄스럽고 또 억울하게 생각되는 것은 그처럼 뛰어난 당신의 가르침이 오늘날 저와 같은 제자를 잘못 두어 빛을 잃고 또 오해까지 받고 있다는 사실입니다.

부처님!

이 글의 첫머리에서도 밝혔다시피 저의 이러한 작업이 이웃을 헐뜯기 위한 것은 결코 아닙니다. 입을 여는 순간 일을 그르친다는 '개구즉착開口則錯'이라는 말을 저는 늘 믿고 있는 터입니다. 그러면서도 굳이 개구開口하여 한량없는 구업을 지은 것, 외람되게나마 진리를 향해서 도정道程하고 싶은 저의 신념에서입니다.

한국불교의 건설은 저희들 제자의 공통한 비원悲願입니다. 무관심처럼 비참한 대인관계는 없다고 합니다. 더구나 그 무관심이 구도자의 주변에 뿌리내릴 때 그것은 어떤 의미에서 죄악일 수도 있습니다. 일체중생에게 주어진 당신의 자비가 무관심의 소산이 아니라는 것을 우리는 알고 있습니다. 이러한 뜻에서 주제넘게 고성으로 지껄인 것입니다. 이 혼탁을 어서 벗겨야 한다는 비원에서 버릇없이 당신에게 호소한 것입니다.

언제인가 과감한 일대개혁이 없이는 당신의 가르침이 이 땅에서는 영영 질식하고 말 것이라는 것을 우리는 똑똑히 알고 있습니다. 당신이 박차고 나섰던 저 혼미한 브라만들에 대한 '부정의 결의'가 없고서는.

위의 글에서 좀 지나치리만큼 무차별한 사격을 가한 것은 우리들이 당면한 오늘의 현실을 직시하자는 뜻에서이고 또 하나는 그 누구도 아닌 제 자신의 아픈 곳을 향해 자학自虐적인 사격을 가한 것에 지나지 않습니다.

끝으로 한 가지 밝혀드릴 것은, 얼마 전에 이 글을 쓰다가 부질없는 짓이라고 스스로 중단해 버리고 말았는데 이런 사정을 알아차린 저의 한 고마운 도반이 격려해준 힘을 입어 다시 쓰게 된 것입니다. 비 개인 그 어느 여름날처럼 당신 앞에 가지런히 서서 업을 같이하는 도정道程의 청정한 인연에 조용히 감사드리고 싶습니다.

마하반야바라밀.

○ 1964년 10월 25일

맑고 향기롭게 살아가기 운동 모임 발족법회
(1994. 3. 26. 양재동 구룡사)

모든 인간 가족 앞에 참회를

"도제교육의 과감한 개혁 없이는 이 혼돈에서
벗어날 출구가 없다"

한물에 싸인 고기라는 말이 있다. 제복制服은 내면적인 개인차
와는 상관도 없이 외부적으로 동일시 당하기 마련이다. 따라서
어떤 집단 가운데서 소수가 아니라 단 하나만의 제복이라도 정
상적인 궤도에서 벗어날 때, 그가 딸린 집단 전체가 오해와 더불
어 피해를 입게 되는 일은 우리 인간사회의 불문율인 것 같다.

며칠 전 신문 보도에 의하면 하동에서 승려의 관사冠詞가 붙
은 전복만全福萬과 몇몇 여승들이 인간으로서는 차마 할 수 없는
죄업을 저질러 세간의 빈축을 사고 있다. 물론 그 영향이 종단
전체에 수치스런 타격을 주고 있음은 더 말할 것도 없다.

필자는 그들 개인의 업을 탓하기 전에 그들과 동일한 제복을

하고 있다는 동류의지同類意志로써 온 세상의 인간에게 부끄러움과 미안함을 가실 길이 없다.

신성한 인간권人間圈을 짓밟아버린 이 불미스런 현실 앞에서 우리는 무엇을 어떻게 해야 할 것인가! 이 수치를, 너무나 값비싼 이 부채를 앉은 자리에서 그대로 받고만 말 것인가! 우리들 모두가 새로운 각성 없이는 이 무거운 채무는 영영 보상할 길이 없을 줄 안다.

그럼 어째서 그와 같은 일이 세간 밖인 출세간에서 일어나게 되었을까? 단적으로 말해서 전혀 '승규僧規'가 부재한 무방비 지대에서 유래된 줄로 안다. 몇 가지 질서 이전의 일들을 지적하여 이의 시급한 시정을 촉구하는 바이다.

첫째, 중 만드는 일을 될 수 있는 대로 제한하고 또 신중을 기해야겠다. 산문山門을 찾아오는 사람이라고 해서 그의 신원을 알아보지 않고 또 구도자로서의 자질도 고려하지 않고 함부로 받아들여, 들어오기가 바쁘게 머리를 깎고 옷을 갈아입혀 계戒를 일러준다는 것은, 종단의 장래를 두고 볼 때 일종의 자멸행위에 지나지 않는다.

구도의 길을 그처럼 편리하고 소홀하게 열어준다는 것은 도道 자체를 모독하는 일밖에 될 수가 없다. 엄연히 1년에 한 차례씩 본산本山의 계단戒壇에서 법답게 득도를 하도록 정해져 있음에도 불구하고, 자기네의 패거리를 하나라도 더 늘이기 위해서인지 독살이 암자에서 제멋대로 급조하여 다량으로 생산하고 있으니 그 결과가 어떻게 될 것인가!

둘째, 의제衣制가 마련되어야겠다. 들리는 바에 의하면 이번 전수이라는 자는 어디서 계를 받은 일도 없이 승복을 입고 동에서 번쩍, 서에서 번쩍 왕래가 자재한 자라고 한다. 사실 요즘 먹물 옷[緇衣]은 천하리만큼 너무 흔해 빠졌다. 거리마다 채이도록 깔려 있는 회색灰色의 행렬이다.

옷만 가지고서는 그가 비구인지 비구니인지 혹은 행자인지 처사인지 도무지 분간할 수가 없다. 그래서 더러는 출가한 사문이 재가在家한 신도에게 먼저 절을 하게 된다는 비법非法스런 '넌센스'가 적지 않다.

그러기 때문에 승가의 내막을 조금 알게 되면 설사 계를 받지 않은 사람이라도 외형으로는 버젓이 승려의 행세를 할 수 있는 게 오늘의 우리 종단실정이다. 이처럼 뒤죽박죽인 소지素地이니까 그러한 낮도깨비 같은 물건들이 설칠 수밖에 없는 인과의 논리가 서게 된다. 율장에도 칠중七衆의 옷은 마땅히 달라야 한다고 밝히고 있다. 교단의 질서를 위해서 하루바삐 의제衣制가 마련되어야겠다.

셋째, 남승男僧과 여승女僧이 한 지붕 아래서 침寢과 식食을 같이 한다는 것은 승규를 들출 것도 없이 있어서는 안될 일이다. 그런데 이런 일이 어떤 명분을 빌어 더러 있지만, 이것은 이번 일 같은 가능성을 충분히 내포하고 있는 위태로운 악습인 것이다.

니승尼僧들의 사원에서 남승男僧인 강사講師를 두는 일이 가끔 있다. 거기에는 '스캔들'이 으레 따르기 마련이라는 것을 우리는 그전부터 들어서 잘 알고 있다. 정신을 차리고 재고할 일인 것 같다.

넷째, 승단僧團의 통할기관인 중앙총무원에서는 수시로 승려의 동태를 파악하고 있어야 한다는 것은 너무나 당연한 일이다. 정보기관이 아니더라도 지금 어떤 승려가 어디에 머무르고 또 무슨 일을 하고 있다는 것쯤은 종단의 원활한 운영을 위해서 알아둘 일이 아니겠는가.

이번 일도 일부에서는 몇 달 전부터 미리 알고 있었다는데, 그러한 사실을 지금까지 방치해두었다는 것은 커다란 실책이다. 관용만이 자비가 아니다. 무능無能에게 자비의 탈을 씌우지 말라.

언젠가 '승려이동질서법僧侶移動秩序法'이 의결을 거쳐 공포 실시된다는 말을 들었다. 이러한 법法이 제대로 실행되었더라면 이번 일도 미연에 막았을 줄 안다. 실행 없이 명목만을 늘어놓기 위해서 만들어진 법은 아니리라. 마치 어떤 산사에 걸리기만 하고 실實이 없는 야단스런 총림의 간판처럼 말이다.

이밖에도 바로 잡아야할 승규僧規는 불가설不可說하게 많다. 이러한 승규가 공문서 한 장만으로 세워지리라고 생각하는 머리가 있다면 그것은 판단 착오도 보통은 넘는다. 승규는 구체적인 수행을 통해서만 저절로 갖추어질 '도道의 덕德'이라는 것을 우리는 알고 있다. 도제교육에 과감한 개혁 없이 이 혼돈에서 벗어날 출구는 없다.

이번 일은 결코 몇몇 개체의 허물만으로 돌려서는 안될 것 같다. 우리 모두에게 울려주는 경종일 수도 있다. 너와 나 할 것 없이 종단 전체가 져야 할 우리 공동의 부채이다.

이 무거운 부채를 갚기 위해서 우리에게는 뼈에 사무친 각성이 있어야겠다. 다시는 이런 불미스런 일이 적어도 우리 출세간에서만이라도 일어나지 않도록 피맺힌 자각이 있어야겠다.

제복制服은 곧 공동운명체다. 우리는 도매로 넘어갈 수밖에 없는 것인가… 이 수치를! 이 수치를!

○ 1965년 6월 6일

낡은 옷을 벗어라

대중성을 띤 역경이 시급하다

1.

'겨울이 지나가면 봄철이 오고…' 이것은 '쏠베이지의 노래' 그 허무라기보다는 건전한 우주질서이다. 무량겁을 두고 흘러내리는 잔잔한 우주의 질서인 것이다. 우리들이 계절의 변화를 감촉하게 되는 것은 카렌다를 넘기는 데서가 아니라 수런수런 창변窓邊에 밀려드는 대자연의 호흡 같은 그 기운에 의해서이리라. 철따라 옷을 갈아입는 것은 우리들 생활인의 즐거운 습관이기도 하다. 철 지난 옷을 그대로 걸치고 있는 걸 볼 때 정상적인 가슴들은 답답증을 느낀다.

그건 그렇고 요즈음 독경에 대한 관심이 날로 높아가고 있는 현상은 뒤떨어진 우리 불교계로서는 축복할 만한 징조이다. 필자도 이런 일에 적잖이 관심을 가지고 있는 사람 중에 하나이기로 평소 마음에 둔 바를 이런 기회에 말해보고 싶다.

작년 이맘때에도 신문사 측의 요청으로 '독경 그 주변'이란 글을 쓴 일이 있지만 이 자리에서는 그때의 재탕이 될 만한 말은 될 수 있는 대로 피해야겠다. 지금까지 산발적이고 무계획하게, 그러니까 질서 이전의 혼란 속에서 나온 번역된 경전들이 그래도 그 수효만은 결코 가난한 편이 아닌 것 같다. 그런데 과연 그 책들이 일반인에게 얼마나 그리고 어떻게 읽혀졌을까를 돌이켜 볼 때 오늘도 하늘은 흐리기만 하다.

우리들은 흔히 '불사佛事'라는 명분에만 팔려 그 내적인 건강과 수명은 돌볼 새도 없이 소홀히 해치우는 일이 적지 않음을 보게 된다. '읽어도 무슨 소린지 내원…' '통 읽혀져야 말이지…' 모처럼 번역된 경전을 두고 상당한 지식층에서 이러한 독후감이 나오게 된다는 것은 원 경전의 뜻이 어렵기 때문에 그런 것일까? 아니면 옮긴 두뇌와 솜씨가 덜 익어서일까? 경전이란 흥미진진하게 책상을 넘길 수 있는 통속소설 류의 글이 아니라는 것은 누구나가 다 알고 있다. 그러나 그와 같은 독후감이 있게 된 것은 옮긴 두뇌와 솜씨에도 그 허물이 적지 않다는 것이 지나칠 수 없는 사실이다.

1월 24일치 〈대한불교지〉를 보면서 지금 동국역경원에서 태동 중에 있는 대장경의 첫 권이 오는 4월경에는 그 첫선을 보일 것이라고 한다. 어떠한 얼굴과 목소리를 하고 탄생될지는 알 수 없지만 관심을 갖는 사람들에게는 자못 가슴 두근거리는 기대가 있을 줄로 안다.

동국역경원은 우리가 잘 알다시피 종단에서 삼대사업의 한몫으로 역경을 위해서 발족한 기구이다. 앞으로 50년이란 오랜 기간을 두고 해인사에 간직된 고려대장경을 중심으로 조사어록과 우리 고승들의 저술 및 한역, 남전장경 중에서 필요한 부분을 전부 번역하겠다고 한다. 실로 거창하고 웅대한, 그리고 우리가 살아 있는 시대에 가히 있을 만한 사업인 것 같다.

따라서 이러한 작업은 비단 우리 민족문화의 발전에만 그치지 않고 나아가서는 세계문화의 창조에 크게 이바지할 기틀을 가진 의욕적인 일이기도 하다. 그런데 이렇듯 중대한 사업이 그 주무기관인 동국역경원에서 현재 어떤 방향으로 일을 추진시키고 있는가를 필자가 알고 있는 범위에서 밝히고 또한 필자대로의 사견을 말할까 한다. 이 글을 쓰게 된 까닭도 여기에 있다.

2.

역경원에서 각 역경위원 앞으로 보내온 기획위원회의 '결의요항'이라는 걸 보면 번역 태도에 있어서 이런 요지로 말하고 있다.

'① 장경 전반에 걸쳐 (고려대장경을 중심으로) 총괄적으로 빠짐없이 번역한다. ② 시대적 감각이나 포교의 필요에 의한 번역이 아니라 순수한 학문적 입장에서 정역精譯한다. ③ 어디까지나 원

문에 의거하여 직역해야 하고 원문 이탈할 의역은 하지 않는다.'

역경에 있어서 기본자세라고도 할 수 있는 이와 같은 번역 태도가 과연 오늘의 현실에 합당한 것인지 이제 낱낱이 헤아려 그 착오될 시행을 들어보자.

① 오늘날 고려대장경을 '하나도 빠짐없이' 모조리 번역할 필요가 있을까? 설사 재정적인 여유와 인적인 능력이 있다 할지라도. 가령 그 내용이 어슷비슷한 600부 반야경을 무엇 하려고 하나도 빠짐없이 죄다 번역해야 된다는 말인가? 경전으로서의 품위를 지닌 가치성과 성립사적인 안목을 무시하고 불설佛說이라 해서 무조건 다 번역해야 한다는 말인가? 고려대장경과 같은 내용은 인도, 티베트, 중국, 가까이는 일본에도 여러 가지 형태로 보존되어 있다.

만약 다른 장경에 없는 불설이 고려대장경에만 들어 있다면 유형문화재로서가 아니라 살아 있는 영원한 재보財寶로서 보전하고 또한 널리 펼치기 위해서라도 원문뿐 아니라 자세한 주석까지도 붙여서 번역 출판해야 할 것이다. 그러나 고려대장경의 가치는 700년 전 우리 선인先人들이 그와 같은 정교한 판각으로 부처님 말씀을 국가적으로 이루어 놓았다는 역사적인 사실에 있을 줄 안다. 그러기 때문에 새로 번역할 장경의 대상은 하나도 빠짐없이가 아니라 '요긴한 것만을 중점적으로 면밀히 검토 선정해서'로 번역해야 할 것 같다.

더구나 찢어지도록 가난하기만 한 우리네 경제 사정을 보아서라도 그 대신 다른 나라의 장경에 없는 우리 고승들의 저술들은 될 수 있는 대로 모두 번역할 필요가 있다.

② 현대에 와서 우리나라의 불교가 종교로서의 생명을 잃고 있는 중요한 원인의 하나는 그야말로 '시대적인 감각'을 상실한 때문이다. 아무리 깊고 묘한 부처님의 말씀이라 할지라도 그 전달방법이 시대적인 감각을 띠지 않는다면 현실사회에는 조금도 도움을 줄 수가 없는 것이다. 이런 의미에서 새 술은 새 부대에 담아야 한다는 말은 들을 만한 말이 아니겠는가? 학문적인 입장에서의 번역도 필요하지 않는 것은 아니지만 우리의 지금 실정으로는 우선 대중성을 띤 (통속과 혼돈하지 말기를) 역경이 시급하다. 학문적인 탐구는 한역이나 그 밖에 다른 장경으로도 할 수 있기 때문이다.

소수를 위해서 다수를 희생시킬 수는 없다. 부처님이 설법하실 때 쓰신 말은 특수사회에서 쓰던 언어가 아니고 그때의 시민사회에서 보편적으로 널리 쓰던 마잘타의 한 속어prakrit였다는 사실을 우리는 이런 경우 다시 한 번 상기해 볼 일이다.

③ 번역은 반역叛逆이란 말이 있다. 그리고 번역은 제2의 창작이란 말도 우리는 가끔 듣는다. 원전 그대로를 다른 언어로 옮긴다는 것은 도저히 불가능한 일이다. 왜냐하면 언어란 그 사회의 풍속과 사유방법을 혈맥처럼 지니고 있기 때문이다.

그러기에 번역은 원전의 뜻을 저버리지 않고 또 경전으로서의 품위나 존엄성을 잃지 않는 한계 내에서 번역되는 나라의 말이나 글로써 성립이 되도록 의역하지 않을 수가 없는 것이다. 그리고 읽힐 수 있도록 역자가 두뇌와 솜씨를 윤기 있게 베풀어야한다는 것은 바로 역자의 사명이기도 하다. 〈차항미완此項未完〉

○ 1965년 2월 14일

불교 경전, 제대로 번역하자

현재 진행되고 있는 역경 과정에서 그대로 모른 체 할 수 없는 몇 가지를 들어 이의 시급한 시정을 촉구한다. 이러한 의견은 비단 필자 한 사람만의 관심사가 아니겠기에 '우정 있는 충고'로써 제언하는 바이다.

1.

앞으로 나올 우리말 대장경이 한역장경의 사생아가 되어서는 안되겠다. 불경의 원전이 곧 한자로 되었다고 착각할 사람은 없을 줄 안다. 우리들이 원전의 언어인 범어나 팔리어를 해득할 수가 없기 때문에, 또 원전들은 많이 흩어져 버렸기 때문에 부득이 한역 경전을 그 대본으로 삼지 않을 수 없는 불투명한 입장에 놓인 것이다. 그렇다고 해서 우리네의 언어구조와는 그 궤가 다른 한어체漢語體 문장을 그대로 본 따를 수는 없다. 소위 '원문(대본)에 의거한 직역'이라고 할 때 까딱하면 그런 사생아적인 실수를 저지를 가능성이 많다.

그 한 예로 지금 역경원에서 하고 있는 고유명사의 표기를 보면 정말 질서 이전의 카오스다. 한역 경전에 나열지羅閱祇라는 고유명사가 나오는데 불경을 어지간히 읽은 사람이라도 이를 선뜻 알아차리기는 쉽지 않을 것이다. 그것은 범어 '라자그리하Rājagṛha'를 한음漢音으로 옮긴 것으로서 우리가 잘 알고 있는 왕사성을 가리킨 말이다. 원전도 아닌 한역경전에 나열지羅閱祇라고 음역音譯되었다고 해서 우리말 번역에도 나열지로 표기하자고 한다. 필자는 이에 즉석에서 반대했었다. 그 까닭은 원어를 능히 알 수 있는데도 불구하고 한자음을 표준삼을 이유가 없기 때문이다. 중국에서도 그 번역된 시대와 역자에 따라서 여러 가지 음으로 표기된 것을 오늘날 우리들까지 그대로 한자음을 낱낱이 따르자는 것은 말이 안된다. 더구나 그것도 보편화되지 않는 고유명사를 가지고서는. 뿐만 아니라 또 다른 경전에서는 같은 말을 가지고 나열계해리羅閱鞞醯梨 · 나열지가라羅閱祇伽羅 · 나야건리羅惹犍里라고도 나오는데 그때마다 따로 따로 한자음으로 표기해야 한다면 얼마나 혼란스러울 것인가? 나열지羅閱祇의 경우는 원음을 따라 라자그리하로 하던가 아니면 거의 익어버린 왕사성으로 통일해서 표기해야 한다. 이 밖에 다른 고유명사의 경우도 이와 마찬가지다. 범어의 우리말 표기에 대해서는 1963년

2월에 총무원 주최로 사계의 권위자로 구성된 심의회에서 그 표기법을 정한 바가 있다. 그때 그 일은 앞으로 이루어질 역경의 전초적인 사업을 예상하고 했던 것이다.

2.

역경에 반드시 선행되어야 할 또 한 가지는 술어의 통일이다. 지금까지의 형편을 보면 역자에 따라 제멋대로 술어를 쓰고 있다. 앞으로 50년을 두고 할 원대한 이 사업을 당초부터 이런 식으로 한다면 민족문화 발전은커녕 큰 혼란을 초래할 것이다.

또 번역이라고 하니까 무엇이나 순수한(?) 우리말로 고친다고 해서 마치 비행기를 '날틀'로, 공처가恐妻家를 '아내무서움쟁이'식으로 전에 없던 말을 새로 만들어 내는 일이 있다. 해탈월解脫月보살을 '벗어붙인달보살'로 번역한다면 얼마나 우스운 일이겠는가? 그러나 이것은 가정이 아니라 전에 있었던 일이다. 그러면 해탈도 '벗어붙임'이라고 고쳐야 되지 않을까? 이러한 넌센스를 우리는 심심치 않게 보면서 배꼽을 칠 때가 있다.

웃기지 마이소. 언어사회에는 하루아침에 뒤엎는 쿠테타 같은 것은 있을 수가 없다. 거기에는 그 어떤 사회보다도 질서정연한 생성과 조용한 사멸死滅의 과정이 있는 것이다. 기왕에 우리들 언어생활에 익어버린 말은 그 어원이 어디서 온 것이든 다시 건드릴 필요가 없다. 이런 일이 개인의 저술이라면 하나의 시도가 될

지는 모르지만 우리말 대장경처럼 그것이 역경원이란 공익성을 띤 광장廣場에서라면 그러한 독선은 추호도 용납될 수가 없다.

이러한 혼란을 막기 위해서라도 첫 권을 내기에만 급급할 것이 아니라 우선 빈도가 잦은 술어부터라도 고유명사의 표기와 더불어 통일을 하도록 해야 할 것이다. 반세기를 두고 할 일에 이만한 극히 초보적인 정지작업整地作業도 없이 대든다는 것은 그 결과를 벌써부터 예상할 수 있는 일이 아닐까?

3.

지금 하고 있는 역경의 순서를 보면 먼저 역자가 번역을 끝내고 나면 한 사람의 증의證義위원이 그 뜻이 바르게 되었는지를 살핀다. 그 다음 원고는 한 사람의 윤문위원에게 넘어가 문장을 가다듬은 뒤에 인쇄소에 보내져 조판에 들어가도록 되어 있다.

부처님의 말씀인 경전이 조금이라도 잘못 전달될 경우 그 허물의 큼은 이루 다 말할 수도 없을 것이다. 단 세 사람의 손을 거쳐 하나의 경전이 나오게 된다는 것은 아무래도 실수의 확률이 높을 것 같다. 100~200장도 아닌 수천 장의 원고를 더구나 남이 써놓은 원고를 차근차근 친절하게 모아줄 정열과 애정을 가진 사람이 얼마가 있겠는가? 그리고 다루는 사람의 식성에 따라 변모될 수도 있는 게 문장의 야릇한 얼굴인 것이다.

그래서 필자는 이런 것을 구상해 보았다. 윤문을 거칠 원고를 인쇄소에 보내기 전에 최종적으로 한 번 더 '독회讀會'의 과정을 거치자는 것이다. 그 모임에는 3인 이상의 증의위원, 3인 이상의 윤문위원, 3인 이상의 번역위원들이 한자리에 모여 그중 한 사람이 원고를 소리 내어 읽어나가면서 보편적이고 정확성을 띤 원고로 가다듬어 혼자서 보았을 때의 있기 쉬운 잘못을 이 기회에 없애자는 것이다.

들리는 말에 의하면 기독교 측에서 요즘 새로 번역하고 있는 바이블은 털끝만한 오역과 잘못이 없도록 빈틈없이 과정을 두고 많은 사람이 치밀한 검토를 한다고 한다. 성전聖典을 다루는 태도가 그처럼 조심스러워야 할 것이라고 필자도 공감한 바가 있다.

○ 1965년 2월 21일

낡은 옷을 벗어라

1.

새로 나올 경전의 명칭은 〈한글대장경〉이라고 하는 것이 거의 결정적인 모양이다. 이것을 두고 역경원 측에서도 신중을 기해 많은 시간을 들여 널리 묻고 생각한 것을 필자도 알고 있다. 진리 앞에 겸손이란 일종의 악이라는 의지를 가지고 여기서 다시 한 번 말해야겠다.

'한글'이란 우리나라 글자文字의 이름에 지나지 않는다. 로마 글자를 '알파벳'이라 하고 일본에서 쓰는 글자를 '가나'라고 하듯이—.

그러므로 '한글대장경'이란 말은 마치 '가나대장경' '알파벳대 장경'이란 말처럼 당치도 않는 웃음꺼리다. 우리말로 번역한 셰 익스피어 전집을 두고 '한글셰익스피어 전집'이란 말을 과문한

탓인지는 몰라도 아직 들어보지 못했다.

'한글불교사전'이란 책 광고도 역시 들어보지 못했다. 그래서 필자는 일찍이 우리말로 옮겨진 대장경이기 때문에 그냥 '대장경'이라고만 하자고 했었다. 밋밋한 맨머리가 좀 안되어 삿갓 같은 거라도 굳이 필요하다면 '우리말대장경'으로 하자고 했다.

그런데 이것을 외국말로 번역할 때는 곤란하지 않느냐고 한다는 말을 들었는데 어떻게 외국인을 표준해서 이름을 지을 것인가? 이를테면 '똘똘이'라는 이름을 외국인을 위해서는 '존슨'이나 '카스트로'라고 하자는 말인가? 다시 한 번 고려해 볼 일이다. 이름이 잘못된다는 것은 내용에 못지않게 치명적인 실수일 테니까.

경전이 일단 출판된 뒤에는 그것이 객관적으로 볼 때에는 일종의 상품에 지나지 않는다. 상품이라면 잘 팔려야만 상품으로서의 첫 구실을 하게 되고 또한 그것이 서적인 경우에는 잘 읽혀야만 서적으로서의 사명使命을 하게 되는 것이다. 지속적인 사업으로 정착하려면 기업으로서 합리화가 이루어져야 한다는 말이다.

그런데 한두 번쯤은 내용을 읽어보기 전에라도 의젓한 책 이름이나 광고만을 보고서도 사는 수가 있겠지만 적어도 중·고등학생 정도의 지적 수준에서 "읽어도 무슨 소린지 내원…" "통 읽히지가 않는단 말야…" 이런 푸념이 새어나올 때 그 후부터는 돌아보지도 않게 된다는 것이 세상의 냉혹한 인심이다. 당초 예정했던 작년도 역경비 80만원은 그 삼분의 일에 해당되는 27만

원밖에 총무원으로부터 조달되지 않았다고 한다. 그래서 그 대책으로 후원회를 결성하여 2천 명을 목표로 고정 독자 확보에 주력할 것이라는 기사를 보았다. 뒤늦게나마 현명한 착안인 것 같다.

그러나 이러한 독자들도 새로 나온 경전의 내용이 기대에 어김없을 때 한해서 고정 독자의 역을 맡게 되리라는 것을 우리는 기억해둘 일이다.

2.

끝으로 역경원 측에 거듭 강조하고 싶은 것은 4월의 출간을 위해서만 서두를 일이 아니라 적어도 반세기란 긴 시간을 두고 끊임없이 계속할 사업이고 또한 과거를 위한 작업이 아니라 현재와 미래의 트인 지평地平에 시점을 두어야할 역사적이라는 것을 자각해서 다시 한 번 지금 진행되고 있는 일들을 면밀하고 신중하게 검토해 달라는 말이다.

졸속주의가 낳기 마련인 부실과 단명短命을 이제 우리가 할 신성한 불사에만은 제발 되풀이하지 말자는 말이다. 만약 오늘 이 땅에 부처님이 출현해서 말씀을 하신다면 어떠한 말씀을 어떻게 하실까? 한말식韓末式 사고로써 그 시절에 쓰던 한어식韓語式으로 말씀을 하실까? 아니면 지금의 우리 귀에 익은 우리말을 쓰실까?

철 지난 옷을 언제까지고 걸치고 있으려는 고집은 이제 웃음거리밖에 낳을 것이 없다.

겨울이 지나가면 봄철이 온다는 이 엄연한 우주질서를 이제는 더 외면할 수가 없는 것이다. 이 새로운 계절 앞에서 그만 낡은 옷을 벗어 던지고 새 옷으로 갈아입지 않으려는가?

○ 1965년 2월 28일

역
경
,

찬
란
한

여
정

경전 결집과 그 잔영殘影
– 경經의 새로운 이해

"우리들이 경전을 읽는다는 것은 곧
부처님의 육성을 듣는 길이다."

봄

육조 혜능스님이 입산하기 전 나뭇짐을 지고 저자에 나갔다가 우연히 금강경 읽는 소리를 듣고 마음이 후련하게 열렸더라는 이야기는 우리에게 아직도 적잖은 감동을 주고 있다. 그 누구의 음성을 통해서였건 간에 그때 그가 들은 경전은 곧 '지혜의 길'을 말씀하신 부처님의 육성과 조금도 다를 바가 없었으리라.

그건 그렇다 하고 우리들이 오늘날 책꽂이에서라도 손쉽게 빼어 볼 수 있는 불교경전의 모음(원형)은 언제 어떻게 해서 이루어졌는가? 그 본적本籍의 주변에 조회照會를 해보는 것은 경전의 새로운 이해를 위해서 있음직한 일인 줄 안다.

부처님이 돌아가신 뒤의 불교교단 형태와 그 언저리에서 일어났던 여러 가지 일들은 어느 다른 경전보다도 율장에 비교적 자세히 기록되어 있다. 이 통로를 따라가 보면 경전을 편집하게 된 동기와 내력에 대한 모습도 우리는 흥미를 가지고 엿볼 수가 있다.

여든 살이란 육신의 나이로 부처님이 사라쌍수 아래서 조용히 '니르바나'에 들 무렵 십대제자 가운데 첫째인 마하 캇사파^{대가섭, 大迦葉}는 여러 비구들과 함께 부처님의 일행에 뒤떨어져 긴 여로를 행각하고 있었다. 도중에 그들은 손에 만다라 꽃을 들고 있는 한 사람의 사명외도^{邪命外道}를 만나게 된다.

캇사파 일행은 그에게 먼저 이 길을 지나가셨을 부처님의 안부를 묻는다. 그의 대답은 천만뜻밖에도 부처님은 벌써 이 세상에 계시지 않는다는 것이다. 이 말을 들은 비구들은 털썩 주저앉아 땅을 치며 통곡했다. 어떤 비구는 두 주먹을 하늘로 치켜들고 울부짖기도 했다.

"너무도 빨리 세존은 가셨습니다. 너무도 빨리 우리 스승은 돌아가셨습니다. 이제 세상은 암흑이구나!"

또 어떤 이는 정념정지^{正念正智}로써 슬픔을 안으로 새기고 있었다.

"모든 일은 이처럼 덧없거늘, 생자필멸이어든…"

이렇게들 모두가 슬퍼하고 있는데 그중에 나이 많아 출가한 한 늦깎이 노 비구는 큰소리로 폭언을 했다.

"뭘 그리들 슬퍼하는 거야. 이제야 저 대사문으로부터 벗어나 자유롭게 되었는데, 얼빠진 것들 같으니. 우리들은 '이것은 너희에게 허락한다' '이 일은 너희들이 범해서는 안 된다' 하면서 줄곧 괴롭힘에 억눌러 왔었다. 그런데 이제야 우리들은 하고 싶은 일을 마음대로 할 수 있고 하기 싫은 일은 안 해도 좋게 되었다."

여름

그 늙은 비구의 이름을 경전은 '수발다須跋陀'라고 전한다. 이와 같은 폭언이 그때 저들의 가슴을 얼마나 아프게 했을 것인가 하는 것은 능히 짐작되는 일이다. 이 폭언을 잠자코 듣고만 있던 마하 캇사파는 부처님의 장례를 다 치르고 난 뒤 비구들을 불러 말했다.

"부처님이 남기신 교법과 계율을 결집하여 비법非法과 비율非律이 펼쳐지기 전에 정법正法과 정률正律을 세우자."

결집이란 Samgaha의 번역된 말로서 '모으는 일'이란 뜻이다. 요즘 출판 용어로는 편집에 해당되는 말이다. 그런데 요즘의 편집과 크게 다른 점은 그때는 아직도 문자의 사용이 널리 씌어지지 않았기 때문에 문자를 가지고 기록하는 것이 아니라 입으로 외우는 것이었다. 그래서 결집을 합송Samgiti이라고 한다.

이리하여 비구들은 캇사파의 제언에 다들 찬성했다. 그리고 그 일을 치를 만한 비구들을 선택하도록 그에게 위촉했다.

선발된 비구들은 뒤를 이어 '마가다'의 서울인 라자가하王舍城로 모여들었다. 결집의 장소는 비파라毘波羅 산기슭에 있는 칠엽굴이었다고 한다.

가을

결집에는 당연히 캇사파가 맨 윗자리에 앉았다. 의장議長이 된셈이다. 의장의 직권으로 그는 아난阿難과 우파리優波離 이 두 사람을 송출자誦出者로 지적한다. '아난'은 비상한 기억력에다가 25년 동안이나 그림자처럼 부처님을 모시고 다녔으므로 부처님이 언제 어디서 어떤 사람들을 상대로, 그리고 어떠한 가르침을 말씀했던가를 누구보다도 잘 알고 있었기 때문이다. 또 '우파리'는 지계제일持戒第一이라 칭찬받던 제자이기에 계율은 그가 잘 알고 있었으리라.

캇사파는 이 두 사람에게 교법과 계율을 물었다.

"아난다여, 부처님의 맨 처음 설법은 어디에서 하셨던가?"

"캇사파여, 이렇게 나는 들었노라. 어느 때 부처님께서 바라나시 녹야원에 계셨는데…."

숨소리조차 없는 조용한 동굴 속에서 우렁우렁 메아리 하는 이런 대화의 장면은 참으로 엄숙하고 감격적이었을 것이다. 더구나 스승이 계시지 않은 제자들끼리의 모임에서 부처님의 최초 설법의 사연들이 아난의 입에서 외워 나올 때 거기 모인 비구들은 모두 눈물을 뿌리면서 그 자리에 엎드려 울었다고 한다.

그 뒤 모든 경전이 '이렇게 나는 들었노라. 어느 때 부처님께서…'라는 형식으로 시작된 것은 이 아난의 송출한 말에서 비롯되었다고 한다.

이리하여 부처님의 교법과 계율은 이 두 사람에 의해서 재현되었던 것이다. 이것이 한 군데 모인 비구들에 의해서 음미되고 자기네가 들던 것과 틀림없다고 확인되면 이번에는 그것을 모두가 합송한다. 이 합송에 따라 각자의 기억에 뚜렷이 새겨지게 되었다.

기억이 고대인의 단순했던 두뇌에서는 비상하게 발달했던 모양이다. 지금 우리들의 기억과 견주어 본다면 그들의 기억력은 '서책書冊은 우리들에게 기억보다는 오히려 망각을 가져오게 했다'는 플라톤의 말에 납득이 갈 만큼 기적적인 밀도를 지니고 있었던 것 같다.

물론 경전 자체가 기억하기 쉽도록 다듬어진 것도 사실이다. 초기에 결집된 경전일수록 짧은 격언조로 이루어졌고 또는 운문으로 된 시의 형식이 많다. 그리고 지금 우리가 읽기에는 지루하기 짝이 없는 똑같은 반복이 심하다. 이와 같은 현상은 물론 고대 인도인의 언어 습관에도 까닭이 있었겠지만 암송하는 데에는 크게 도움이 되었을 것이다.

겨울

이렇게 해서 부처님의 가르침은 엮어지게 되었다. 이 일은 부처님이 돌아가신 몇 달 뒤(3개월 뒤란 문헌도 있다) 그 도제자道弟子들에 의해서 최초로 이루어진 작업이었다. 이것을 제1결집 혹은 5백결집이라고 한다.

그리고 이와 같이 결집된 교법은 그 시기는 분명히 알 수 없지만 얼마 뒤에야 문자로 정착하게 되었다. 부처님은 '마가다'의 한 사투리로 법을 설했다고 한다. 그러나 그 설법이 입에서 입으로 전해지고 또 문자로 정착되기까지는 얼마쯤의 변화와 증보의 과정이 있었을 것은 능히 짐작되는 일이다.

그래도 오늘까지 경전이 끊어짐이 없이 전해오는 걸 생각할 때 그 구송口誦과 기억의 은혜에 감사하지 않을 수가 없다. 여기에서 우리는 경전마다 강조되어 있는 서사書寫·수지受持·독송讀誦의 공덕과 의미를 새롭게 인식하게 된다.

제2결집7백결집은 불멸 백년경 계율에 대해서 이의異議가 생겼기 때문에 바이샬리에서 야사耶舍의 사회로 7백의 비구가 모여 율장이 편집되었다고 한다. 제3결집千人결집은 불멸 2백년경 아쇼카왕의 후원 아래 화씨성華氏城에서 목건련제수目建漣帝須의 사회로 1천 명의 비구가 모여 경經과 율律과 논장論藏을 전부 집성했다고 한다.

그리고 제4결집은 서력 2세기경 대월지국의 카니슈카왕의 후원 아래 협존자脅尊者와 바수미트라世友가 중심이 되어 카슈미일의 비구 5백 명이 모여 삼장에 해석을 붙였다. 그것을 '대비바사론大毘婆沙論'이라고 하는데 남전南傳에서는 의문시하고 있다.

불교의 경전은 부처님의 교법이 전해진 여러 지역의 언어에 의해서 전승되고 또 그 지방의 문화적 환경 속에서 육성되었다. 다시 말하면 교법언어권의 '번역경전'이라는 의상을 걸치고 생성되는 것이다. 따라서 그와 같은 경전은 부처님의 정신이 그 지역의 문화적 유형 안에서 재구성되었다고도 볼 수 있다.

그러니까 무명의 안개에 싸여 앞을 내다볼 수 없는 우리 중생들이 어떤 언어로 해서든 경전을 읽는다는 것은 2500년 전에 실존했던 부처님의 목소리를 친히 듣는다는 것과 조금도 다를 수가 없는 것이다.

○ 1966년 2월 27일

한역장경의 형성 1
- 중국은 이렇게 역경했다

1.

앞으로 반세기 안에 우리는 우리말로 된 대장경을 갖게 될지도 모른다. 반세기란 결코 짧지 않은 인간계의 시간이다. 그 마지막 책이 나올 무렵에는 오늘에 비해서 많은 변화가 있을 것이다. 상상만으로는 실감이 나지 않을 세계사는 덮어두고라도 지금 우리 이웃에서 역경에 종사하고 있는 사람들이나 또 그걸 읽는 독자들이나 그 무렵이면 거의가 다 이 지상의 주민등록 카드에서는 제외될 것이다. 물론 이런 걸 상상하고 있는 필자도 포함해서.

우리가 살고 있는 이 시대에 우리말로 된 '대장경'을 만들고 또 읽는다는 것은, 죽음을 생각할 때처럼 엄숙해지는 사실史實이다. 50년 후, 지금의 우리는 낙엽처럼 다 져버렸을지라도, 우리 꼬마들(우리의 전통을 이어 받은 후손들)의 서가에는 이 시대에 빚어진 유산들이 가지런히 꽂혀 있을 것이다. 그리하여 그들은 자기네 할아버지들의 솜씨를 두고 이러쿵저러쿵 입맛들을 다실 것이고….

2.

중국에 있어서 역경의 역사는 양자강 줄기만큼이나 길다. 148년경부터 171년에 걸쳐 낙양에서 역업譯業에 종사한 안세고安世高를 비롯하여 북송960-1127 때까지를 꼽으면 장장 일천 년의 세월.

그때로부터 천년 뒤인 지금, 우리가 한역장경을 대할 때 원전에 못지않은 그 팔팔한 솜씨들을 보고 놀라지 않을 수 없다. 더구나 표음表音 문자인 인도의 언어산스크리트를 표의문자인 한자로 옮길 때, 그 일이 얼마나 어려웠을 것인가는 능히 짐작되는 일이다.

산스크리트나 파알리 어가 Indo-European어족에 속하고 있는데 중국의 그것은 Sino-Tibetan어족이므로 그것들은 전혀 족보가 다른 언어다.

또 그 위에 불교가 이 두 민족을 맺어주기 이전에는 상호간의 교섭도 거의 없었기 때문에 사상이나 풍속도 낯설 수밖에 없었다. 이러한 처지에서 숭고한 사상을 지닌 문헌을, 하나의 언어에서 다른 언어로 옮긴다는 것은 결코 쉬운 일이 아니었다.

그런데도 그들은 그 어려움을 무난히 극복하고 한문화漢文化가 지닌 문화적 특색을 충분히 발휘함에 있어서 불교경전 사상

일대 장관을 이루었다. 구마라집鳩摩羅什의 유창한 번역, 진제眞諦의 정밀함, 현장玄奘의 충실하고 정확한 번역은 후세 학자들이 한결같이 경탄하는 바이다.

한역장경 형성의 자취를 돌이켜 볼 때 특히 그 전래와 번역에 관심을 갖지 않을 수 없다. 경전이 중국에 전해질 때 거기에는 두 가지 방법이 있었다. 하나는 인도나 서역에서 전교傳教의 사명을 띠고 온 사문이 외우는 것을 듣고 번역해 내는 것이고, 다른 하나는 이미 문서의 형태로 이루어진 것을 가지고 와서 그것을 번역하는 일이다. 5세기 이후에는 구송에 의하지 않고 대개 원전을 가지고 와서 그걸 번역하게 된다.

원전을 가지고 오는 데에는 인도에서 사문沙門이나 거사居士가 가지고 온 경우와 중국 사문들이 몸소 법을 구해 서쪽으로 갔다가 가지고 온 경우가 있었다.

3.

그렇다면 그 양에 있어서나 질에 있어서 그토록 우수한 한역장경이 어떤 여건 아래서 이루어졌던가. 그들은 역경을 대개 제왕의 보호 아래서 국가의 사업으로 하였다. 가령 구마라집 Kumārajīva, 350-409은 후진後秦의 고조古祖 요흥姚興의 국사로서 주로 장안長安의 소요원逍遙園에 있으면서 역경에 힘썼다. 현장玄奘, 602-664에게는 당태종이 세운 장안의 번경원翻經院, 大慈恩寺이 있었고, 의정義淨, 635-713에게는 당의 중종中宗이 세운 번경원大薦福寺이 있었다. 또 보리유지Bodhiruci, 572-627는 낙양洛陽의 내전內殿에서, 승가바라Saṃghavarman, 460-524는 양도楊都의 화림원華林園에서 각각 역업譯業에 종사하였다. 그리고 송의 태조太祖, 877-943는 역경장으로서 전법원傳法院을 세우고 거기에 인경원印經院을 부설했는데 그것은 경전의 간행을 위한 기관이었다. 이와 같이 중국의 역경사업은 순전히 국가의 사업이었던 것이다. 그러면 그들의 역장譯場에서는 어떻게 해서 번역이 진행되었던가. 그들은 오늘 우리 역경원에서처럼 뿔뿔이 흩어져 저마다 자기의 희미한 등불 아래 쭈그리고 앉아 하는 것이 아니라 환한 불빛 아래 모여 어깨를 펴고 대화를 이어가며 하였던 것이다.

장안長安의 소요원逍遙園 같은 데서는 8백 명이 넘게 모여 있었다고 한다. 그것은 커다란 기구였을 것이다.

『불조통기佛祖統紀』에 나오는 '역경譯經의 구관제九官制'를 보면 그 앉는 자리와 역할까지도 그때의 역장譯場 사정을 비교적 자세히 엿볼 수 있다. 물론 그것은 송대宋代, 960-1279 역경원의 관제官制이므로 꽤 후대의 일이긴 하다.

4.

구관제九官制란 다음과 같은 것이다.

역주譯主, 정면에 앉아 원본인 범문梵文을 소리내어 읽어간다.

증의證義, 역주의 왼편에 앉아 그가 읽어가는 범문의 구성과 의미를 음미한다.

증문證文, 역주의 바른편에 앉아 역주가 읽는 범문을 듣고 문자와 그 읽는 법에 틀림이 없는가를 살핀다.

서자書字, 이것은 범학승梵學僧의 역할로서 자세히 범문을 듣고 그것을 한자로 쓴다. 여기에서는 단지 범음을 한자로 음사할 뿐이고 의역은 하지 않는다.

필수筆受, 범어를 번역하여 중국어로 옮기는 일. 여기서는 주로 단어만을 다룬 것 같다.

철문綴文, 번역된 문자의 차례를 바꾸어 중국어의 문장으로 고치는 일.

참역參譯, 다시 한 번 원문과 번역문을 대조하여 틀린 데가 없도록 한다. 그러니까 역문譯文을 재음미하는 단계.

간정刊定, 표현이 산만한 곳을 잘라 압축시킨다.

윤문潤文, 역주譯主에 다음가는 중요한 직책이었던 모양이다. 번역된 글을 최종적으로 손질하는 단계인데 경전의 문장으로서 그 표현을 다듬는 일이다.

○ 1966년 4월 10일

한역장경의 형성 2

– 중국은 이렇게 역경했다

1.

이와 같은 '역경의 구관제九官制'에서 우리는 다음의 사실을 알게 된다.

첫째, 번역은 결코 역주譯主 혼자서 한 일이 아니었다는 점이다. 지금 한역 장경에 밝혀진 역자의 이름 가운데는 대개 외국에서 온 사문이 많다. 그들 자신이 그처럼 유창한 중국어를 썼을 것이라고는 도저히 생각할 수 없다.

한역漢譯 장경 중에서도 구마라즙의 번역이 가장 윤기 있고 유창하다는 것은 누구나 잘 알고 있는 바이지만 그렇게 표현되기까지에는 많은 협력자들中國의 학승들이 거들었을 것이다. 특히 윤문 분야에 있어서는 비상한 문장의 스타일을 지닌 인재가 있었던 모양이다.

둘째, 그 번역 과정이 무척 면밀하고 원전原典, 本意에 충실했다는 점이다. 글자 하나하나가 잘 음미되어 단어마다 낱낱이 옮겨졌다. 이를테면 역주譯主의 원문 낭독에서 증의證義·필수筆授·철문綴文까지의 일은 문자 그대로의 번역과정이다. 그리고 참역參譯·간정刊定·윤문潤文은 역문譯文의 음미이며 마지막 손질이다. 그들은 법보法寶를 이처럼 조심스럽게 다루었던 것이다.

'역장譯場'이라는 한 시스템 안에서 젊은 슬기와 정열들이 작업했기 때문에 거기에는 오역이 있을 수 없었다. 여기 종사한 승중僧衆은 날마다 목욕하고 삼의三衣와 좌구坐具 등 위의를 갖추었으며 소용되는 것은 아쉽지 않도록 그 뒷받침을 국가에서 해주었다고 기록되어 있다.

2.

사전辭典도 문법서도 없던 시절. 경전의 번역은 단순히 저쪽이나 이쪽의 일상어를 아는 것만으로써 이루어지는 것은 아니다. 번역되는 경전의 사상 내용에 정통해야 할 것은 물론, 언어구조와 그 배경이 되어 있는 문화일반에 대한 이해가 필요한 것이다. 그래서 얼마동안주로 구마라즙 이전은 술어도 일정하지 않아 어떤 것은 중국의 고전古典에 나오는 것과 비슷한 한어漢語로 바꾸어 놓았다. 이를테면 anuttara-samyak-saṃbodhi를 '무상 정진도無上 正眞道'라 번역하고, arhat을 '응의應儀'라 하였다. 그러나 사실상 이와 같은 말은 본래 중국에는 없던 새로운 개념을 가진 불투명한 한어漢語이기 때문에 그 의미를 충분히 표현할 수는 없었다.

이런 경우 어쩔 수 없이 특수한 술어는 원어의 음音을 한자로 나타내는 방법이 쓰이게 되었다. '아뇩다라삼먁삼보리阿耨多羅三藐三菩提'와 '아라한阿羅漢'이라고. 이밖에도 nirvāna는 열반으로, buddha는 불佛 혹은 불타佛陀로, bodhi는 보살로, panna(prajna)는 반야로⋯. 이런 말들은 음만을 나타낸 것이었는데 이제는 관용의 술어로 굳어지게 되었다.

이렇게 해서 역어譯語의 표준은 대강 잡혔다고 하지만, 문체에 있어서 이를 직역할 것인지 의역할 것인지는 자못 의논이 분분하지 않을 수 없었다. 표음表音문자인 원전과 표의表意문자인 역어譯語, 한자 사이에는 '언어의 벽'이 가로막고 있었다. 범문梵文은 똑같은 말을 몇 번이고 되풀이하는 데서 그 뜻이 전달된다. 이것은 기억에 의한 구송에도 편리했을 것이다. 그러나 중국에서는 간단명료한 것을 좋아하고 변화를 즐겨했다. 중복은 될 수 있는 대로 피하려고 하였다.

그리하여 반복을 없애고 문자의 차례를 바꾸고 이밖에도 문체에 여러 가지 테크닉이 필요했던 것이다. 말하자면 '제2의 창작'이 불가피했다. 그것은 숙명적인 작업인 동시에 '원음圓音, 부처님 말씀'의 의지이기도 하다. 중국의 역장譯場에서 아무리 원전에 충실하게 번역을 했다 하더라도 언어 구조가 다른 이상 그와 같은 음색音色의 변화는 어쩔 수 없었다. 이에 대해서 교의신앙 敎義信仰의 면만을 소중히 여긴 보수적인 사문들은 경전의 신성 을 모독한 것이라고 해서 맹렬히 반대했다. 이것은 초기 역경 관 계자 사이에서는 가장 큰 문젯거리였다. 전진前秦의 도안道安 312- 358이 '오실본五失本·삼불역三不易'을 내세운 이래 얼마동안은 그 것이 기준이 되기도 했다.

　오실본이란 번역에 있어서 허용되는 원형 상실의 한계를 말한 것이고, 삼불역이란 오실본을 기준으로 해서 이 한계를 넘어 개 역改易하는 일은 절대로 용납될 수 없다는 이유를 밝힌 것이다.

　3.

　그 뒤 당의 현장玄奘, 602-664에 이르러 그가 지닌 교의와 어학 과 양쪽 문물에 대한 풍부한 지식으로 해서 마침내 역경계譯經界 에 일대 혁신을 단행하게 되었다. 그의 제자들은 종래의 번역을 전혀 신용하지 않으리만큼 자신을 가졌다고 한다. 흔히 현장玄奘 이후의 번역을 '신역新譯'이라고 부르는 데 대해서 그 이전의 것 은 '구역舊譯'이라고 한다.

　현장 이전에는 대개 외국에서 온 사문이 역주譯主가 되었다. 그런데 자존심이 강한 중국의 사문이 원어를 익혀 역주가 될 때 에는 자연히 그 번역이 달라지기 마련이다.

　나즙羅什은 구역舊譯의 대표적 인물이지만 외국인인 그가 이루어 놓은 번역은 달의적達意的인 면에는 뛰어난 솜씨를 보였으나 세밀한 데까지는 미칠 수 없었을 것이다.

중국 불교는 현장에 의해서 비로소 참된 역경자를 중국인 안에서 내놓은 셈이다. 현장의 면목은 그가 철저한 역경승이었고, 세심하고 치밀한 어학자語學者인 점에 있다. 그가 나란다Nalanda에서 배운 기간은 5년이라고 하지만, 장안長安을 떠나 귀국하기까지는 무려 19년이 걸렸다. 그 사이에 익힌 어학과 불교사상의 안목은 중국의 학승 가운데서 으뜸이 될 수밖에 없었다.

그가 역주譯主가 되어 역장譯場을 경영할 때 종래보다 훨씬 어학적으로 세심한 번역을 주장했을 것은 당연한 일이다. 구역에 대한 신역의 특징이라면 어디까지나 원전에 충실했다는 것. 따라서 직역적인 역풍譯風이 그 특색이다.

그러나 경전이 넓은 의미에서 하나의 문학일 때 독자聽法大衆들에게 널리 읽힐 수 있는 힘感動을 주는 것이 제일의적인 사명이다. 여기 번역에 있어서 그 '숙명宿命'이 이루어지지 않을 수 없는 것이다.

50년 후 우리 후세들은 지금 우리가 번역하고 있는 '대장경'을 두고 어떻게 평가할 것인가? 그것은 먼 50년 후에 물을 일이 아니라 당장 지금 살아 있는 사람들에게 물어볼 일이다. 어떻게 읽히고 있는가를. 얼마나 한 울림을 받고 있는가를. '꽂아놓고 바라보기'만 하는 대장경이라면 그것은 아무런 창조적 의의도 없는 도로徒勞다. 누구나 읽고 지혜의 눈을 떠서 불보살의 대원해大願海에 뛰어들 수 있는 '힘'을 보여 줄 때, 거기에는 판매를 위한 광고의 수고도 없어질 것이다.

반세기 후 지금의 우리는 낙엽처럼 다 져버렸을지라도 우리 꼬마들의 서가에는 이 시대에 빚어진 유산遺産들이 거기 그렇게 꽂혀 있을 것이다.

○ 1966년 4월 17일

우이독경牛耳讀經

– 역경원譯經院 창립 2주년에 부쳐

'오오, 짜라투스트라여, 여기는 대도시다. 그대는 여기에서 찾을 아무것도 없고 일체를 잃어버릴 뿐이다. 그대는 왜 이 흙탕 속으로 걸어가려 하는가? 부디 그대의 발을 측은히 생각하라. 도리어 도시都市의 문에 침을 뱉고 돌아서라!' – 니체

개구開口의 변辯

사람은 왜 말을 하고 싶어 하는 것일까? 그것도 구체적인 가슴에 대고서라면 모르지만, 메아리도 없는 회색의 광장에 대고…. 시고是故로 제題하여 우이독경야牛耳讀經也라.

오는 7월 21일로 동국역경원東國譯經院은 그 창립 둘째 돐을 맞는다. 두 살짜리의 건강한 발육을 위해서 몇 가지 마음에 고

인 온도를 보내야겠다는 희미한 사명감에서 이렇게 휴일의 여백을 메우고 있다. 그렇지 않을 수 없는가? 그렇다. 그렇지 않을 수 없다!

공功의 장章

역경원譯經院은 지금 바쁘게 움직이고 있다. 두 살짜리의 분수로는 지나치리만큼 활발히 움직이고 있다. 역경원이 창설되기 전, 경전의 번역은 질서 이전의 혼돈이었다. 법보시라는 이름 아래 출자자出資者들의 엉성한 시야가 함부로 횡행하였고, 경전으로서의 품위와 체재는 책꽂이에 꽂아놓을 수없이 천박하기만 했다. 그것도 아무런 계획성 없이 물주의 욕구에 따라 난발을 거듭하였을 뿐. 이러한 카오스를 뚫고 탄생된 것이 오늘의 동국역경원이다. 세조 때 『간경도감刊經都監』에서 몇 권의 불경 번역이 계획적으로 이루어진 뒤 처음 있는 역경기구인 것이다.

반세기라는 오랜 세월을 두고 일정한 계획 아래 역경사업이 진행되도록 얼마쯤의 터전이 잡혔다. 용어의 통일을 모색하고 표기를 일치시켰다. 그 어느 때보다도 장경다운 체재를 갖추게 되었다.

그리고 종단은 물론 널리 학계에까지도 역간譯刊 사업에 필요한 인재들을 찾아 한데 어울려 일을 하고 있는 것이다. 지금까지는 어려운 한역으로밖에 볼 수 없었던 불경을 이제는 우리 글을 아는 사람이라면 누구나 볼 수 있게 되었다.

특히 종래從來 대승불교권에서 도외시하던 아함부 경전들이 번역되어 근본불교에 대한 이해를 갖게 된 것은 다행한 일이다. 탄생된 지 연천年淺한데도 벌써 다섯 책이 나왔고, 금년 내 모두 아홉 권이 나올 예정으로 되어 있다.

이와 같이 활발한, 지나치게 활발한 진행은 역경원 같은 기구가 아니고는 현재 그 어디에서도 찾아 볼 수 없을 것이다. 이러한 공功이 있는 반면, 역경원이 저지른 허물도 없지 않다.

과過의 장章

무엇보다도 〈한글대장경〉이란 제호는 씻을 수 없는 수치다. 무지에서 온 영원한 수치다. 지금이라도 무지와 고집에서 벗어나려면 자모字母의 이름인 '한글'만은 지워버려야 한다. '대장경'이라고 쓸 때, 그것은 곧 우리글로 된 대장경임을 모를 사람은 없다.

그리고 충분한 준비도 없이 첫 해에 여덟 책을 낸다는 것은 욕심이 아니라 커다란 과오다. 얼마 전 독자들의 독후감에서도 언급되다시피, 통 읽히지 않는다는 것은 이를 반증해 주는 것이다.

국고 지원의 의의를 망각해서는 안 된다. 국고금은 '공돈'이 아니라 국민의 피와 땀으로 된 무서운 혈세이다. 일 년에 단 한 권을 내는 한이 있더라도 읽히는 대장경이 나와야겠다. 그래야만 만드는 사람이나 그걸 사서 보는 사람이나 같이 역경譯經에 대

1970년대 봉은사 다래헌.

한 보람을 느낄 것이다. 양만 많이 나온다 해서 일이 되는 것은 아니다. 더구나 진리를 다루는 교법을 잘못 전달했을 경우, 그 허물은 어떻게 할 것인가.

말을 한다 해도 아무 반응이 없을 줄 알면서도 하지 않을 수 없어 몇 가지 제언을 이러한 광장에서 해야겠다. 사석에서는 더 말할 흥미도 없으니까.

우이독경 1

동본이역同本異譯을 낱낱이 번역할 필요 없다. 중국에서의 역경은 그 시대와 사람이 각각 달랐기 때문에 한 원본을 가지고 여러 가지로 번역될 수도 있었겠지만, 오늘 우리 역경원에서는 동시대 같은 시스템 안에서 하는 일이기 때문에 동본이역은 필요가 없다.

이역異譯이 있을 경우 그 가운데서 보다 우수한 대본을 골라 번역하면 될 것이다. 어떤 것이 결정판임을 가릴 수가 있겠느냐는 의견이 있다면, 이렇게 대답해 주고 싶다. 가려서 알도록까지는 번역을 보류하라고. 그 내용도 모르고 번역하겠다는 것은 너무도 무모한 것이다.

따라서 지금의 '장경목록'은 전적으로 재구성해야 할 것이다. 너무나 급하게, 그것도 한 개인이 만들어 놓은 것이므로 빠진 것과 잘못된 점이 적지 않다.

그리고 동본이역同本異譯을 고집하는 의견으로는 학문적 가치가 어떻고 하지만, 지금 하고 있는 것으로는 학문적 가치는 있기 어렵다. 설사 학문적 가치가 있다 하더라도 그것은 역자나 소수 학자들에게 소용될 것이지, 불타의 설법을 듣고저 하는 일반독자에게는 조금도 필요가 없다. 소수인을 위해서 그 많은 독자들이 막대한 재물과 시간과 정력을 낭비해 가며 똑같은 내용의 글을 되풀이해 읽을 필요가 어디에 있는가?

독경이 소수를 위한 일인가 아니면 다수를 위한 작업인가? 학자들이 동본이역을 참고할 경우, 한역이나 기타 번역본은 몰라도 〈한글대장경〉은 그렇게 신뢰의 도가 높지 않을 줄 안다. 동본이역을 번역할 이유는 어디에도 없다.

우이독경 2

역경 과정에 시간적인 여유를 두어야겠다. 지금까지의 경우를 보면, 대부분의 이유도 있다. 역자들은 자신이 번역한 원고에 대하여 퇴고推稿를 전혀 하지 않은 것 같다. 법보法寶를 다루는 태도가 이럴 수 있겠는가. 그러한 원고는 증의證義 윤문潤文 과정에서도 열과 성이 기울여지지 않게 된다. 물론 여기에는 그럴 만한 이유도 있다.

첫째, 퇴고推稿할 만한 시간적인 여유가 없다. 기간 내에 탈고를 해야 하기 때문에 추고할 여가가 있다면 한 장이라도 더 쓰겠다는 심산이다. 둘째는 고료가 일반의 경우에 비해 너무 헐하다. 그래서 정작 번역할 만한 사람은 번역을 하지 않고, 실력이 형편없는 '뱃장들'이 달라 들어 해치우는 수도 있게 되는 것이다.

그러한 원고는 아무리 증의와 윤문을 치르더라도 크게 변모될 수가 없다. 고료를 상당하게 지불하고 시간적인 여유도 주어 번역할 만한 사람에게 맡겨 원고다운 원고가 나오도록 해야겠다.

우이독경 3

〈대장경〉의 역간사업譯刊事業은 종단과 동대가 힘을 모아 하고 있는 걸로 아는데 그 편찬자인 종단에서는 너무나 관심이 엷은 것 같다. 재정적인 뒷받침이 없기 때문에 총무원의 역경국譯經局은 그 기능을 발휘하지 못하고 있다. 가장 시급한 역장譯場 하나를 차리지 못하고 있으니 말이다. 장경다운 장경이 나오려면 무엇보다도 역경위원들이 한자리에 모여 있어야 하는데 그럴만한 도량이 없다. 밥장수 절은 많아도, 놀이꾼들이 드나들 수 있는 절간은 많아도 부처님의 말씀을 널리 펼치려는 역장은 얻기가 어려운 것이다.

이것은 종단에서 전혀 관심이 없기 때문이다. 말로만 삼대사업 운운하면서도 알속은 텅텅 빈 진공상태. 종단의 적극적인 관심 없이 이 역경사업은 지속되기 어렵다.

끝으로 독자들에게 한 말씀 드려야겠다. 독자가 없는 출판이
란 상상할 수도 없다. 독후감을 비롯해서 역경사업 전반에 대한
의견들을 거리낌 없이 수시로 표현해 주어야겠다. 독자들의 의
사를 모를 때 제작자들은 그들 나름대로의 일방통행밖에 할 수
없는 것이다. 우리가 살고 있는 이 시대에 수행되는 역경사업이
기 때문에 너나 할 것 없이 우리 모두에게 공동책임이 주어진
것이다.

창립 2주년을 계기로 우리 역경계에도 새로운 비약이 있기를
바라면서 무더운 여름날 고독한 작업을 마치려 한다.

우이독경牛耳讀經! 그것은 인이독경人耳讀經의 오식誤植이기를!

○ 1966년 7월 17일

우리를 슬프게 하는 것들

다시 계절 앞에

　지금 우리를 슬프게 하는 것들은 '안톤·슈나크'의 보랏빛 슬픔이 아니다. 우리가 부딪치고 있는 현실은 감미로운 저녁노을을 훨씬 지나, 한밤의 칠흑 같은 어둠인 것이다. 사문이 고독하다는 것은 적어도 생물적인 그런 류는 아니리라. '속俗'을 여의려는 출세간에서 가야할 길을 가로막는 답답한 장벽이 있기 때문이다.

　돌아앉아 향을 사르며 부처를 염念하는 것만으로 이 컬컬한 것을 달랠 수는 없다. '나' 밖에서 일어나는 일이 나와 무연한 일이 아니다. 너의 문제는 곧 나의 문제이기 때문에.

　'나'와 '너'로 분화되기 이전에 '우리'인 것이다.

　오늘 우리가 서식하는 세계를 에누리 없이 말한다면, 그것은 불신不信과 암흑의 계절이다. 이 막힌 계절 앞에서 우리는 언제까지고 저 '침묵의 금'만을 줍고 있어야 할 것인가.

하여, 울적할 말문을 열고 있는 것이다. '아무리 내일로 세계의 종말이 명백하다 할지라도, 나는 오늘 사과나무를 심는다'는 새벽의 의지를 가지고.

○ 1965년 12월 19일

기도하는 신심들

　해마다 진학입시를 전후한 이 무렵이면 산이나 시정市井에 있는 사암을 가릴 것 없이, 절간은 기도로써 갑작스런 성황을 이루게 된다. 어떻게 보면 입시의 좁은 문은 사원에서부터 시작된 듯한 느낌이 들기도 한다.

　어려운 일이 있을 때, 자기가 믿는 종교의 세계에 침잠하여 소원을 비는 일은 당연한 종교심리이다. 그런데 이런 경우 자칫하면 종교와 미신을 혼동하고 있는 일을 보게 되는데, 그때마다 필자는 가슴 아파하고 있다.

　의젓한 불명을 가진 신도들이 불단에 교복과 학용품을 펼쳐놓고 기원하는 것을 본 적이 있다. 묻지 않더라도 그 교복과 학용품은 시험장에 들어갈 때 소용될 것이리라. 아이들의 전도前途에 대한 어버이의 애틋한 심정을 이해 못할 바 아니지만, 그래 그와 같은 기발한 착상은 불경의 어느 대목에서 보고 그러는 것일까.

이것은 분명히 종교의 궤도에서 벗어난 무속이다. 이런 행위는 마치 빨간 바지를 입으면 오래 살고, 교문에 엿을 붙이면 응시에 붙는다는 '샤먼'과 무엇이 다르겠는가. 불교는 결코 샤먼이 아니다. 이성적인 버젓한 종교인 것이다.

이런 경우 기도하는 자세는 청정한 종교의 영역으로 승화되지 않으면 안 된다. 이제까지 지은 죄업을 참회하고 불보살의 가피력으로 아무런 장애 없이 지닌 실력을 충분히 발휘할 수 있도록 간절히 염원하는 일밖에 무엇이 있겠는가. 물론 일의적一義的으로 믿어야 할 것은 실력뿐이겠지만.

그렇지 않고 삿된 마음으로 요행을 바라고 있는 기도라면 그것은 성취될 수도 없고, 따라서 뜻대로 안될 경우 '부처님도 영험이 없더라'고 돌아설 수밖에 없는 것이다.

불교에 있어서 기복의 요소는 어디까지나 종교의 부수 현상일 뿐이지 종교의 본질은 아니다. 그런데 이와 같은 부수 현상이 본질에 앞설 때 그것은 사이비종교이며 미신 사교인 것이다.

불교는 본래 지혜의 종교로서 그 최고 이상인 보리[覺]는 일체지一切智이며 정변지正遍智이다. 그리고 여기에 이르는 도피안到彼岸의 수단도 또한 반야般若, 지혜인 것이다. 불교의 초기교단 형태를 살펴보면 번뇌를 없애고 해탈에 이르기 위해 주로 계율을 지키고 선정과 참회에 힘썼다. 그래서 여기에 대한 규정은 자세히

1990년대 초 불일암.

정해졌으나 복을 비는 일은 없었다. 불교의 수많은 경전 가운데서도 가장 오래되고 역사적인 것으로서 석존의 육성에 가까운 『숫타니파타經集』나 『아함경』에는 어디까지나 현세에 있어서 자각을 문제로 삼고 인생의 온갖 고뇌를 이성적으로 해결하려 했다. 그러기 때문에 붓다에 대해서 초자연적인 기록도 없애고 기복을 일삼는 의식도 생기지 않았다.

아쇼카왕의 조칙문詔勅文에도 기복에 대한 말을 찾아 볼 수 없는 것은 그 당시의 불교에는 기복적인 요소가 행해지지 않은 증거이다. 그런데 어떤 종교이든 그 종교가 전파된 지역의 민중에게 받아들여지기 위해서는 그곳의 기존신앙과 야합하게 되고 그 사회생활에의 동화同化-민속화民俗化가 이루어지지 않을 수 없다. 불교도 원산지를 벗어나자 교주와 경전은 같으면서도 교단 조직이나 신앙 형태가 전혀 이질적인 불교로 변모되고 만 것이다.

중국에 불교가 전해지자 중국인은 그들의 현실적이고 공리적功利的인 입맛에 따라 그 기원의 효과를 크게 기대했으므로 그와 같은 의식을 교설보다 존중하게 되었다. 불교가 국가의 지도자에게 보호받기 위해서는 교리를 말하고 수행을 권장하기보다는 그들의 현세적인 원망願望, 즉 국가의 융성이나 제왕의 안녕을 비는 비법을 행하는 쪽이 보다 손쉬운 일이었다.

그리하여 승려들은 신비적인 작법에 기묘를 부리게까지 되었는데 이것이 마침내는 일정한 형식을 갖추고 불교 의식으로 굳어지게 된 것이다.

오늘날 한국불교가 '치마불교'라는 세평世評을 듣게 되고 또 지성층知性層에게 쉽게 받아들여지지 않는 중요한 원인의 하나가 바로 이러한 부수 현상이 종교의 본질을 가로막고 있기 때문이다.

그런데 기복적인 영역은 한국불교에 있어서 사원경제와 직결되고 있다. 불행하게도 그렇다. 정말 '불행하게도' 직결되고 있다. 때문에 출가수행 하는 공수래空手來의 나그네들은 거의가 부지불식간에 시주들의 '선심善心' 앞에 부자연한 화신化身을 나투고 있는 것이다. 비구도자적인 자세로 퇴색하고 있는 것이다.

이러한 경향을 하루아침에 바로잡기란 그리 쉬운 일이 아니라는 것도 알고 있다. 그렇다고 해서 이른바 무상대도無上大道를 표방하는 우리가 언제까지고 종교의 본질을 등지고 부수 현상에만 종사할 수는 없는 것이다. 그릇된 법을 바로 일깨워준다고 해서 단박 신도가 끊어져 굶게 될 것인가? 만약 그렇게 된다면 어떻게 그들을 불교도라 할 수 있겠는가. 그러한 신도는 500만을 열 곱하는 수일지라도 우리에겐 소용없는 존재들이다.

그러나 지금처럼 기생하고 있다 할지라도 굶게 되지는 않는다. 그 증거로서 필자가 알고 있는 몇몇 사원에서는 재래의 무속적인 의식을 일소하고 신도들에게 그에 대한 이해를 충분히 시킨 뒤부터는 오히려 그전보다 더 환희한 마음으로 삼보에 귀의하고 공양하고 있다.

신도들은 교화하기에 달렸다. 오늘처럼 한국불교가 기복불교로 타락한 까닭도 그렇게 되도록 교화를 했기 때문이 아닌가. 설사 기복의 인연으로해서일지라도 일단 불문에 들어선 사람을 무자비하게 현관에만 세워두어서는 안 된다. 불교의 안방인 지智와 자悲의 문으로 이끄는 것이 우리들의 사명인 것이다. 우선 편히 수용할 수 있다고 해서 그들이 해달라는 대로 내맡겨 버릴 때, 종교는 무엇이 될 것이며 우리들의 도정道程은 어떻게 될 것인가.

우리는 어떠한 형태로든 간에 반무속적인 기복의 신심들에 팔려 '위태로운 청부請負'를 맡는 우를 범하지 말 일이다.

그토록 떳떳하지 못한 밥을, 삼륜三輪이 청정하지 못한 시은施恩을 받고 있다는 것은 얼마나 우리를 슬프게 하는 것들인가.

○ 1965년 12월 19일

사문沙門은 병들고

　부처님은 이런 말씀을 하셨다. "어버이를 하직하고 집을 나온 사문은 욕심을 끊고 애욕을 버려 자기 마음의 근원을 알고, 불도의 깊은 이치를 알아서 무위법을 깨달아야 한다. 그래서 안으로는 얻은 바가 없고 밖으로는 구하는 것이 없어, 마음은 도道에도 얽매이지 않고 또한 업도 짓지 않으며 생각도 없고 지음도 없으며 닦는 것도 아니요 증證하는 것도 아니며, 모든 차례를 지나지 않고도 스스로 가장 높음이 되는 것이니, 이것을 일러 '도道'라 하는 것이다."

　사문이란 더 말할 것도 없이 도에 뜻을 둔 구도자이다. 세속적인 온갖 것을 버리고 출세간적인 청정도清淨道를 닦는 수행자이다. 그런데 오늘날 이 고장에 살고 있는 사문들의 생태는 어떠한가? 반문할 여지도 없이 우울할 뿐이다. 물론 걸망 하나로 이 산에서 한철 저 골짝에서 한철, 운수雲水를 벗하여 걸림 없이 정진하는 극소수의 본분납자들은 차한此限에서 부재로 하고.

필자의 청진기로는 지금 승단이 앓고 있는 질병을 제발 오진誤診이기를 바라면서 이렇게 진단하고 있다. 10대와 20대는 '학교병學校病'에 들고, 30대는 '주지병住持病' 4·50대에는 '안일병安逸病'에 걸려 있다고.

출가해서 오래지 않은 어린 승려들이 세속의 학교병에 걸렸다는 것은 한 말로 해서 승단에 교육이 없다는 것이다. 재래식 강당 공부에 적응되기에는 그들의 머리에 '상투'가 없다. 그들은 현대에 살고 있기 때문이다. 기회가 있을 때마다 누차 말한 바 있지만, 승단교육의 과감한 개혁 없이 한국불교의 내일은 없다.

30대의 사문이라면 한창 수도에 여념이 없을 연륜이다. 그리고 구도자로서의 서슬이 가장 시퍼럴 때이다. 그런데 사문의 본분인 면벽관심面壁觀心이나 간경看經의 업은 내팽개치고 체격에 어울리지도 않는 주지 벼슬을 하여, 본업에 기울여야 할 정력을 고작 시정市井의 관청 출입이나 하는 데 낭비한다는 것은 너무나 애석한 일이다.

30대간에 흔히 거래되는 인사가 "어디 하나 맡았소?"인 것이다. 주지병은 4·50대나 치를 병이다. 30대의 사문들이 본연의 자세로 귀환할 때 한국불교의 내일은 환히 트일 수도 있다.

4·50대는 세간에서 치더라도 많은 영향력을 가지고 일할 때이다. 그런데 우리 승단에서는 벌써 현역에서 물러앉아 '뒷방 노장老長'으로서 안일을 탐하면서 조로早老하고 있는 경향이 짙어

가고 있다. 구도의 길에서 안일처럼 무서운 질병은 또 없으리라. 안일은 도정정지道程停止뿐 아니라 부패를 수반하는 것이므로, 그 독소는 개체에만 머물지 않고 주변에까지 오염될 성질을 띠고 있는 것이다.

오늘날 이렇게 승단이 형편 무인지경無人之境이 되다시피한 중요한 책임은 오로지 그들에게 있다 해도 무방하리라. 그들이 거느린 제자 하나하나를 법답게 가르쳤던들 지금 우리 승단은 얼마나 밝고 활기 있을 것인가.

이름만 걸고 그대로 놓아 버렸기에, 깎았다 길렀다 출입을 자재하게 하고, 벗었다 입었다 제멋대로 둔갑을 하여 불신과 환멸을 사고 있지 않은가!

4·50대의 사문들은 한 말로 해서 자비가 없는 것 같다. 적어도 후배에 대한 관심이 말이다. 우리 스승인 석존은 70대에 들어서도 안일을 탐한 적은 없었다. 마지막 열반에 드실 그 순간까지도 입을 열어 설법을 하시지 않았는가.

불교의 전통이 단절되지 않고 계승되려면 오로지 우리들이 저마다 앓고 있는 질병에서 털털 털고 일어나 사문의 본업으로 되돌아가야 할 줄로 안다.

신체의 일부분에 무서운 병이 든 것을 그대로 모른 체 놓아둔다면 그 병균은 전신에 번져 도저히 회생할 수 없는 만신창이가된다는 것을, 그것이 유기체의 생태라는 것을 우리는 누구나 알고 있다.

사문이 구도의 길에서 벗어나 엉뚱한 곁길을 걷고 있다는 것은 분명 우리를 슬프게 하는 일이다.

○ 1965년 12월 26일

방하착放下着

우리는 길을 가다가 흔히 목격한다. 개들이 으르렁거리며 싸우는 것을. 그 원인을 살펴보면 고작 똥떵이가 아니면 먹다 버린 고기뼈를 가지고 그러는 것이다. 그걸 보고 우리는 고소를 금할 수가 없다. 요즘 우리 주변에서는 사문의 분수와 체면으로는 도저히 있을 수 없는 싸움을 하고 있다. 법을 위해서 하는 다툼이라면 또 몰라도 하잘것없는 직위를 가지고 늘어붙고 있으니 말이다. 출세간의 입장에서 내려다 볼 때 개가 똥을 가지고 으르렁대는 꼴과 무엇이 다르겠는가. 거기에 신도들까지 패가 갈리어 싸운다는 것은 아무래도 불쾌한 일이다.

원래 우리가 집을 나와 도를 닦는 목적은 재물을 얻기 위함도 아니요 명리를 탐하기 위해서도 아니다. 무량겁을 두고 익혀온 중생의 습기習氣를 제거하고 지혜의 눈을 떠서 중생을 구제하자는 것인데 우리들의 본분사와는 십만팔천리인 말라빠진 감투를 가지고 장기간에 걸쳐 중생 놀음을 한다는 것은 너무나 어리석은 일이다. 그런고로 어떻게 신도들 앞에서 뭐라 개구開口할 수 있겠는가!

필자는 어느 쪽이 잘하고 잘못한 시비를 가리자는 것이 아니다. 지금 승단에서는 적지 않은 물의를 일으키고 있고 그 여파는, 심상치 않게 여러모로 연쇄반응을 일으키고 있기 때문에 모른 체 할 수가 없는 것이다.

'원망으로써 원망을 갚으려 하면 원망은 어느 때고 쉬어지지 않는다. 참음으로써만 원망은 쉬어지나니 이 법은 영원히 변치 않으리.'

귀에 익은 부처님 말씀이다. 어느 한쪽이 방하착放下着하지 않는 한 다툼은 휴일이 없을 것이다. 어떻게 불로써 불을 끌 수 있겠는가. 지난날의 가까운 도반들이 하잘 것 없는 일에 말려들어 싸운다는 것은 안타까운 일이다.

우리 승단에서도 얕지 않은 수행경력과 지도층에 있는 분들이 맞서 있을 때 후배들은 어디 가서 누구의 본을 받을 것인가. 이것이 또한 우리를 슬프게 하는 일이다.

○ 1965년 12월 26일

사원 찾는 관광객, 그들은 불청객인가?

봄 그리고 가을이 오면 가난한 우리 겨레의 가슴에도 관광이라는 들뜬 계절풍이 밀물처럼 스며들게 된다. 가계부의 온도에 구애됨이 없는 것이다.

그들은 문화민족의 긍지를 마음껏 발휘하기 위해서 찾아가는 곳은 으레 문화재가 수두룩 깔려 있는 산중의 고찰古刹이기 일쑤다.

그래서 조금 알려진 절간이면 동구洞口가 미어지도록 인파가 넘치고 있다. 이처럼 부옇게 몰려드는 시정市井의 나그네들은 산중에서 수도하는 선지식을 찾아 설법을 듣고 교화를 받기 위해서가 아니라, 볼 만한 구경거리를 찾아 앞을 다투는 것이다.

그러니까 이들의 눈에는 대개 산승들도 절 마당에 서 있는 탑이나 법당에 모셔진 불상과 다름없이 한낱 구경거리에 지나지 않는 것이다. 그들은 또 단순히 빈 몸뚱이만 아니고 세속의 시끄러운 소음과 불미한 풍속도 동반하고 온 것이다.

사원은 적정처로서 승려가 수도하는 도량이라는 것은 유치원 꼬마들에게도 상식화된 개념이다. 이와 같은 수도장이 언제부터 시끄러운 관광지로 변신하고 만 것일까?

산에 있는 우리들은 흔히 그들을 귀찮은 불청객이라고 부른다. 과연 그들이 불청객일까? 이쪽에서 오히려 끌어들이고 있는 것은 아닐까? 이른바 '신성한 사원'의 문전에서 돈을 받고 입장권을 팔고 있다는 것은 무엇인가. 돈을 받고 입장을 시키면서 신성한 수도장이라고 버틸 수가 있단 말인가.

그렇다! 문제는 절간에 주인이 없기 때문이다. 도를 닦는 청정한 영역이 세속의 나그네들에게 짓밟히고 있다는 것은, 적정처가 수도장인지 수라장인지 알 수 없게 되었다는 것은 진정한 수도인이 부재하기 때문이다. 법답게 가꾸어진 도량이라면 어느 누가 감히 그 안에서 추태를 부리고 큰 소리로 떠들 수가 있단 말인가. 돈을 내고 들어왔으니 그 값어치만큼은 놀고 가겠다는 그들을 어떻게 제지해야 될 것인가. 하루에도 몇 차례씩 속복과 승복들이 입장료를 둘러싸고 옥신각신하는 비정적非情的인 광경을 우리는 보아야 하는 것이다.

특수한 시설을 갖춘 예의 문화재라면 또 몰라도 일반사원의 문전에서 입장권을 팔아 스스로 사원의 품위를 추락시키고 있다는 것은 수도인의 입장에서 재고해 볼 일이다.

거대한 건물들을 가꾸어 가는 데는 적잖은 재력이 소요된다는 것도 모르는 바 아니다. 그러나 이런 것은 반드시 문전에서 매표하는 수법으로 해결되는 것도 아니다. 그 이전에도 우리는 굶지 않고 지켜오고 있었으니까. 이러한 문전행사 때문에 우리는 불교도로서 얻는 것보다 잃는 것이 얼마나 많을 것인가를 거듭거듭 헤아려 볼 일이다.

그리고 대중이 모여 공부하는 도량이라면 아무 때나 무상출입하도록 열어 두어서는 안될 것 같다. 일정한 시기를 두어 그 기간에만 개방하고 그런 때일지라도 우리들의 수행에 필요한 곳은 결계結界를 하여 외인들이 접근하지 못하도록 해야 할 것이다.

또 밖에서 찾아드는 나그네들을 귀찮해 할 것만 아니라 그들을 자비와 인내로써 교화하여 적어도 사원에 대한 인식이 그 전과는 달라지도록 해야 할 것이고, 그리하여 앞으로는 그들이 사찰을 찾아오는 의미가 새로워지도록 우리 모두가 교화의 사명을 띠고 힘써야겠다.

산중일정오山中日亭午 초로습망리草露濕芒履
고사무거승古寺無居僧 백운만정호白雲滿庭戶
산중 한나절 풀끝에 맺힌 이슬 짚신을 적시고
옛 절은 텅 비어 구름만 뜰에 일다.

도道를 닦는 스님네는 없고 허물어져 가는 빈 절간만 남았더라는 이런 고시는 우리를 슬프게 하고 있다.

○ 1966년 1월 2일

사원에 목욕탕 시설이 없다

'벼룩 서 말은 몰고 갈지라도 중 하나는 몰고 갈 수 없다'는 불가의 이 속담은 독신수행하는 승려는 고집불통이라 규제하기가 심히 어렵다는 말이다.

요즘 스님들이 두셋만 모인 자리에서도 그 의복과 모자가 가지각색이다. 더구나 무슨 모임이 있어 백百을 넘는 숫자일 때는 (물론 필자도 포함해서) 그 가관스런 용모들에 웃음보를 터뜨리기 마련이다.

외형은 곧 내의內意를 표상한다. 어떤 단체에서나 제복이 정해진 것은 외형적인 통일만이 아니고 내면적인 규제에도 그 뜻이 있을 것이다. 원래 부처님 말씀에는 사문의 머리에 뭘 덮거나 쓰지 말라고 하셨다. 그런데 우리들은 기후 풍토상 맨머리로 지내기가 어려워 여름이나 겨울철 같은 때는 모자를 쓰지 않을 수가 없다. 동남아에서는 법복으로 '가사'만을 걸치는데 위도가 북상하고 있는 우리들은 '장삼'을 더 입어야 하듯이 말이다.

모자로서 기왕 쓸 바에는 지금처럼 제멋대로 맡겨두지 말고 여러모로 살펴서 하나로 통일해 최소한의 외적인 위의를 갖추었으면 좋겠다. 그리고 비구와 비구니, 사미와 사미니, 행자와 신도들의 제복도 법에 따라 각기 달리 마련되어야 할 줄 안다. 지금 같아서는 출가대중인지 재가대중인지 남승인지 여승인지, 혹은 스님인지 행자인지 옷만 가지고는 도저히 분간할 수가 없다. 그래서 적잖은 오해와 혼란을 빚어내기도 한다. 종단에서는 하루 속히 의제衣制를 마련하여 품위 있는 몸차림을 갖춤으로서 '콩가루 집안'이란 불명예를 씻게 하라.

그리고 이것은 산에 있다가 시정을 다녀가는 승려라면 누구나 민감하게 그리고 쓸쓸하게 경험하는 사실이다. 사원에 목욕탕이 없어 일반인이 드나드는 공중탕에 다녀오기가 얼마나 머리 무거운 일인가를…. 이것은 단순히 머리 무거운 일에만 그치지 않고 사문의 체면과 위신에 직결되는 문제다.

언젠가 전해 들은 이야긴데 여승들이 시중의 여탕에 들어가자 목욕탕 안이 발칵 뒤집힌 일이 있었다고 한다. 머리칼이 없으니 남자로 알았던 모양인지- 가톨릭 신부나 수녀들이 공중탕을 쓴다는 말을 듣지 못했다. 종교가 대중사회에 파고 들어가야 한다지만 이런 영역에만은 사회참여를 하지 말았으면 좋겠다.

청정을 내세우는 사원에 목욕탕 시설이 없다는 것은 말이 안된다. 그 흔한 불사에 왜 목욕탕은 짓지 않는가? 이런 일이 또한 우리를 슬프게 하는 것들이다.

○ 1966년 1월 2일

깎이는 임야

지난번 중앙종회에서 통과된 66년도 총무원 예산은 1400여 만 원이라고 한다. 해마다 그렇듯이 올해도 그 세입 중 70%는 기본재산인 임야의 처분에 의존한 것이다. 현재 우리 종단의 재원은 사찰임야말고는 거의 없는 것처럼 생각되고 있다.

그런데 이 임목林木에는 한도가 있다. 한 번 거두고 나면 적어도 4, 50년이 경과된 뒤라야 다시 재원이 될 수 있는 것이다. 해마다 이와 같이 임야만을 깎아 써 버리면, 그 재원은 몇 해를 더 버티어 나갈 것인가. 기본재산을 가지고 따로 수입을 올릴 수 있는 사업을 하는 것도 아니고 순전히 소비에 그치고 마는 형편이니 앞으로는 무엇을 가지고 종단을 운영할 것인지 걱정되지 않을 수 없다.

어떤 위대한 일을 수행하려면 치밀한 계획과 용단이 선행되어야 한다는 것은 처음 듣는 말이 아니다. 오늘 우리 종단 산하에는 사원으로서의 기능과 그 사명을 못할 뿐 아니라, 나아가 승려들을 타락시키고 불교를 좀먹는 '마魔의 아지트' 같은 절간이 아닌 절간이 도시 주변에는 노랗게 도사리고 있다. 수도와 거리가 먼 한두 사람의 안일배들이 부처님을 팔아 악업을 짓는 '독獨살이'가 얼마나 많은가!

이러한 '악의 소굴'들을 과감하게 처분하여 생산적인 사업체로 바꾸어 종단의 재원으로 삼는다면, 사원정화를 수반하여 일거양득이 될 줄 필자는 확신한다.

수도하는 사문들이 의지할 곳은 황량한 들판이 아니라, 싱싱한 수풀이다. 우리들의 의지처인 생명하는 수풀을 찍어 헐값으로 흩어버린다는 것은 스스로 목을 조르는 자살 행위가 아니고 무엇인가. 억울하게도 정말 억울하게도 전세출全歲出의 절반을 소송비로 다 바친단다.

500백만 신도를 과시하는 대종단에 회관 하나 없이 기념행사가 있을 때마다 남의 집을 빌려 쓰는 처지인데도 10년을 줄곧 끝장도 없는 싸움에 삼보의 정재를 아낌없이 갖다 바쳤단다. 세간법에 의탁하여 소송에 이겼다고 해서 승단정화가 끝날 수 있을 것인가! 이런 일이 우리를 슬프게 하고 있다.

○ 1966년 1월 16일

어서 수도장修道場을

우리가 부딪치고 있는 이 '암흑의 계절'에서 벗어나려면 그 길은 인재양성의 길, 하나밖에 없다. 오늘처럼 승단이 만신창이가 된 것은 인재가 없기 때문이다. 인재를 기르지 않았기 때문이다.

승단을 정화하겠다는 사람들이 승단의 기둥인 사문을 기르지 않고, 썩어가는 절간만 차지하기에 열광하지 않았던가. 사원은 수도인이 그 안에서 수도하기 위해서 지어놓은 건물에 지나지 않는다.

그런데 보라! 하나씩 차지한 뒤부터는 주객이 뒤바뀌어 사문을 위한 절간이 아니라 절간을 위한 중이 되고 말지 않았던가.

공문서 쪼가리 하나로 수도장이 이루어지리라 생각하는 두뇌가 있다면 그것은 석기시대의 유물로나 모셔둘 일이다. 그런 문서가 적어도 남대문 밖에서 휴지와 대등한 대우를 받고 있다는 것을 알기나 하는지…. 그만큼 현재의 중앙기구는 그 권위와 신망을 상실하고 만 것이다.

필자는 사문의 이름으로 종단에 간곡히 제의한다. 계획성 있는 도제양성의 실현을 위한 그 첫 단계로 각 강원의 강사와 선원의 입승, 종단의 교육위원, 그리고 종립학교(동국대의 경우라면 불교대학)의 교수들을 한자리에 초청하여 우리가 당면한 도제양성과 제반사를 논의하고 연구해서 하루바삐 실현성 있는 종단 교육의 좌표를 설정하기 바란다. 그리고 관계기관에서는 수도장으로서 가능한 여건을 갖춘 몇 군데 사원을 지정하여 현지 운영자와 유기적인 관계를 가지고 피차에 한국불교의 재기를 위해서 있는 힘을 다 기울여야 할 것이다.

안일과 명리를 위해서 맡은 직책이 아니라면 오로지 후배들의 육성에 주지住持하라. 후배는 '남'이 아니고 '나'의 분신인 것이다. 수도자 없는 빈 절간만 가지고 무엇에 쓸 것인가! 우리 30대의 젊은 사문들은 선배들의 오늘과 같이 무력하고 안일한 체질을 더 이상 닮아서는 안되겠다.

우리가 마주선 현실에 적극 참여해서 우리 길을 우리 스스로가 개척해야겠다. 한국불교의 종단이 몇몇 개인의 종신終身스러운 독무대일 수는 없다. 우리 전체 사부대중의 막힘없는 광장일 것이다.

지금까지는 온갖 잘못된 책임을 선배들에게만 덮어 씌워 왔었다. 그러나 이제는 그 책임이 우리 삼십대의 차례에 이른 것 같다. 안일과 타락으로 위종爲宗하는 그 독살이의 집착들에서 벗어나 새로운 바람을 일으키지 않으면 안되겠다. 우리들이 무엇 때문에 부모를 여의고 집을 나와 사문이 되었는가? 젊은 사문들마저 풀죽은 얼굴들을 그대로 물려받아야 할 것인가.

이제 이 종단은 우리 젊은 구도자들이 지혜와 용기로 나서서 보불은報佛恩의 사명감을 가지고 이끌 때가 된 것이다. 한국불교의 소생은 젊은 힘들이 모인 구체적인 도량으로부터 피어나지 않고서는 그 통로가 없다.

1600년의 역사를 가진 우리 종단 산하에는 1,283개의 사원이 있다고 하지만 아직껏 이렇다 할 수도장 하나 없는 실정이 아닌가! 날이 갈수록 늘어나는 것은 '푸닥거리'로 비대해가는 매불상賣佛商뿐이고 이런 것이 또한 우리를 슬프게 하고 있다.

○ 1966년 1월 16일

메아리 없는 독백

친애하는 베토벤 씨!

한국의 한 젊은 사문이 당신의 이름을 부르고 있습니다. 하고 많은 인간산맥 중에서 당신을 부르고 있습니다.

베토벤 씨! 이런 글을 쓰고 나면 저는 고독해지고 맙니다. 옆구리가 이렇게 텅 비어 버립니다. 엄마들이 사랑하는 아가의 종아리를 몇 차례 때려주고 난 뒤, 가슴에 닿는 아픔이 이런 것인지 모르겠습니다. 설사 아가의 버릇을 고쳐주기 위해서 한 손찌검일지라도 말입니다.

베토벤 씨! 제가 쓰고 있는 이런 잡문이 오늘의 우리 교단에는 아무런 영향도 주지 못하리라는 것을 저는 알고 있습니다. 그만한 감각이 있는 세계라면 저 같은 풋내기가 입을 열기 이전에 벌써 우리들의 소원은 이루어졌을 테니 말입니다. 그런데도 굳이 남이 들어 싫어할 박덕한 말들을 늘어놓는 것은 고발의식에서가 아니라 제대로의 어떤 사명감에서입니다.

이 어두운 계절 앞에서 어떤 것이 바른 길인가는 누구의 입으로든 분명히 가려 놓아야 할 것이고 이러한 막힌 현실을 함께 걱정하는 가슴들이 그래도 더러는 있을 것이기 때문입니다. 그리하여 언젠가는 그러한 가슴들에서 환한 꽃이 피어나리라 저는 믿고 있습니다.

물론 주변에는 '우리를 기쁘게 하는 일들'이 전혀 없는 것도 아닙니다. 그러나 슬픈 일들이 너무도 많이 우리 앞을 가로막고 있기 때문에 우선 시급한 시정을 위해서 그런 것부터 들지 않을 수 없었습니다.

친애하는 베토벤 씨!

지금 제게는 혼자서 높은 산정山頂에 올라 주위를 둘러 볼 때 오는 그러한 허허로움이 스며들고 있습니다. 이럴 때 저는 지금 살아 있는 그 누구보다도 당신을 찾고 싶습니다. 영혼을 울리는 당신의 그 인간적인 목소리가 듣고 싶습니다. 당신의 의지와 신념의 바다에 잠기고 싶은 것입니다.

베토벤 씨! 당신의 멜로디를 들으면, 그 '고뇌를 넘어선 환희'에 귀를 기울이고 있으면 저는 제가 할 일이 무엇이라는 걸 절감합니다. 온통 저의 심장은 고동합니다.

"나는 인생을 몇 천 번이고 되풀이해서 살고 싶다… 나는 고요한 생활을 하기 위해 만들어진 인간은 아니다."

잎이 져버린 숲에서는 탁목조啄木鳥의 나무 쪼는 소리가 빈

골짝을 울리고 있군요. 고독한 구도자 스피노자의 의지를 거듭 되새기면서 이 '메아리 없는 독백'을 멈추어야겠습니다.

'아무리 내일로 세계의 종말이 명백하다 할지라도 나는 오늘 한 그루의 사과나무를 심는다.'

베토벤 씨! 고뇌하던 우리 베토벤 씨!

○ 1966년 1월 16일

재미있는 경전 이야기

불교설화

어진 사슴

먼 옛날 인도의 간지스 강가에 사슴이 한 마리 살고 있었다. 배가 고프면 벌에 나가 풀이나 뜯고 목이 마를 땐 강기슭에서 흐르는 물을 마셨다. 낮에는 나무 그늘에 앉아 허공중에 한가로운 흰 구름을 바라보며 눈망울을 맑히고 밤이면 숲속 나뭇가지에 걸린 별들을 세며 좀 외롭긴 하여도 평화롭게 살고 있었다. 그런데 신기하게도 이 사슴은 아홉 가지 털빛을 띠고 있었고, 그 뿔은 이상스레 하얗다. 그리고 한 마리의 까마귀와 늘 사이 좋게 지내고 있었다.

어느 봄날 아지랑이가 피어오는 잔잔한 강기슭에서 사슴은 목을 축이고 있었다. 그때 마침 한 사나이가 물에 빠져 허우적거리며 떠내려 오고 있었다. 그 사내는 나무토막을 붙들고 하늘을 처다보며 울부짖었다.

"산신과 나무의 신과 하늘의 신이여! 어째서 물에 빠진 나를 보고도 구해주지 않는가?"

사슴은 그걸 보자 가엾은 생각이 났다. 물속에 뛰어들어 그 사나이를 간신히 건져 주었다. 사내는 머리를 땅에 조아리며 "이 은혜를 어떻게 갚아야 하겠습니까? 나를 당신의 종으로라도 써 주십시오." 하고 감사하였다.

"그럴 필요는 없어요. 저에게 굳이 은혜를 갚아주려거든 제가 살고 있는 집을 다른 사람들에게 알리지나 마세요."

이렇게 사슴은 말했다. 사내는 그러다 뿐이냐고 굳게 약속하고 그곳을 떠났다. 그럴 무렵 이 나라의 왕비가 병으로 눕게 되었다. 그 병의 까닭이란 아홉 가지 털빛을 가진 사슴을 꿈에 보았는데 그 털로 깔개를 만들고 뿔로는 부채 자루를 만들어 가졌으면 하는 생각에서였다. 임금은 왕비의 말을 듣고 곧 온 나라에 영을 내려 상금을 걸고 그 아홉 가지 털빛을 한 사슴을 찾게 하였다.

이와 같은 일을 알게 된 그 사내는 '이젠 됐어! 그러한 사슴이 살고 있는 곳은 나밖에 모를 거야. 아무래도 그건 짐승이니까 은혜고 무어고 알 게 무어야.' 이렇게 생각하고 임금에게 가서 말했다.

"저는 그 사슴의 거처를 알고 있습니다. 문제없이 잡아올 수 있습니다."

임금은 아주 기뻐하면서 "네가 정말 그런 사슴을 잡는다면 이 나라의 절반을 나누어 주마." 하고 사내에게 약속하였다.

그리하여 임금은 그 사내를 길잡이로 많은 신하들과 함께 길을 떠났다. 마침내 그들 일행이 간지스 강가에 다다르자, 사슴과 의가 좋은 까마귀가 이 일을 알고 "사슴님, 이 일을 어쩌면 좋아요? 사슴님을 잡으려 왔어요." 하고 나무 그 밑에서 잠들어 있는 사슴을 흔들어 깨웠다. 하지만 때는 늦어, 몸을 피할 겨를이 없었다. 그들은 벌써 사슴을 둘러싸고 있었으므로 사슴은 하는 수 없이 임금 앞으로 나아가 공손히 무릎을 꿇고 절한 다음 이렇게 말했다.

"임금님, 저를 죽이는 일을 잠깐만 멈춰 주세요. 사뢸 말씀이 있습니다. 저는 얼마 전에 임금님께 은혜를 베푼 일이 있어요."

"네가 나에게 은혜를 베푼 일이 있다고?"

임금은 어리둥절해 하였다.

"그렇습니다. 그것은 임금님께서 다스리는 나라에 사는 백성 한 사람의 목숨을 구해준 일이 있습니다."

사슴은 다시 말을 이어 이렇게 물었다.

"임금님은 제가 이곳에 살고 있는 줄을 어떻게 아셨어요?"

임금은 길잡이로 나선 그 사내를 가리켰다. 사슴은 그를 보자 깜짝 놀랐다. 금시 눈엔 눈물이 고였다.

"제가 전날 물에 떠내려가는 것을 보고 구해준 이는 바로 저 사람이에요. 사람들이란 은혜도 몰라보는군요!"

이 말을 듣고 임금은 크게 부끄러웠다. 당장 그 인정머리 없는 사내를 꾸짖고 나서 "이 은혜로운 어진 사슴을 죽여서는 안 된다."라며 나라 안에 영을 내리고 놓아주었다.

그 뒤부터 많은 사슴들은 이 사슴이 있는 곳으로 모여와서 마음 놓고 살게 되었고, 온 나라 사람들도 모두 평화롭게 살았다고 한다. 그때 아홉 가지 털빛을 가진 사슴은 부처님이 지난 성상에 보살행을 닦을 때의 몸이고 사슴을 따르던 까마귀는 부처님을 오랫동안 모신 '아난다'란 제자이며 은혜를 저버린 사내는 한 평생 부처님을 괴롭히던 '데바닷다'였다고.

— 『불설구색록경佛說九色鹿經』에서

○ 1963년 4월 1일

조용한 사람들

어느 달 밝은 보름밤의 일이었다. 포근한 달빛 아래서 사람들은 무어라 말할 수 없는 즐거움으로 가슴마다 부풀어 올랐다. 젊은이들은 마음 통하는 이를 찾아가 그리움을 나누었고, 늙은이는 그들대로 지나온 인생살이에서 겪은 잊을 수 없는 달밤의 기억들을 되새기며 새삼 젊어지려 했다. 그리하여 궁중에서도 임금이 많은 신하들과 함께 어떻게 했으면 이 밤을 보다 즐겁게 보낼 수 있을까 하고 의논하게 되었다.

신하들 가운데서 어떤 이는 이렇게 아름다운 달밤에는 노래를 부르면서 노는 것이 가장 즐거울 것이라고 했다. 또 어떤 신하는 달이 밝기 때문에 들길을 거닐면 마음이 상쾌할 것이라고도 했다. 그리고 또 다른 사람은 말하기를 기왕 거닐 바에야 마을 곁 숲속에서 수행하고 있는 이들을 찾아가 설교를 듣는 것이 가장 좋으리라고 했다.

이밖에도 여러 가지 의견이 나왔지만 그 가운데 한 사람의 신하만은 처음부터 잠자코 말이 없었다.

"그대는 어째서 말이 없는가?" 하고 임금이 묻게 되었다. 그러자 그 신하는 조용히 입을 열었다.

"지금 제가 가지고 있는 큰 동산에는 부처님이 와 계십니다. 할 수 있다면 임금님께서 그곳에 가 주셨으면 하고 생각하느라고 잠자코 있었습니다."

임금은 이 신하를 가장 신망하고 있었으므로 곧 그의 의견에 따르기로 하고 많은 신하들을 거느리고 그 동산으로 나서게 되었다. 동산이라고는 하지만 그곳에는 흐르는 내와 울창한 숲이 있는 꽤 큰 산이었다.

임금의 행차가 숲속으로 들어서자 달은 무성한 숲에 가려 보이지 않았다. 그리고 점점 깊숙이 들어갈수록 숲길은 어두웠고 주위는 죽은 듯이 고요했다.

이따금 숲을 스치고 지나가는 바람소리가 귀신의 숨소리처럼 생각되리만큼 숲속은 고요하기만 했다.

"이렇게 음침한 곳에 부처님은 혼자서 계시는가?"

임금은 혹시 자기가 속아서 이곳에 오게 된 것은 아닌가 하고 마음에 언짢아하면서 퉁명스레 물었다. 그러나 그 신하의 대답은 전이나 다름없이 조용하였다.

"아닙니다 임금님, 숲속에는 부처님뿐이 아니고 천이백오십 인이나 되는 제자들도 함께 있답니다."

숲속에 천이백오십 인이나 있다면 사람들의 말소리가 조금이라도 들려야 할 텐데 숲은 여전히 가라앉은 듯이 고요하기만 했다.

"그럼 부처님은 어디에 계시는가? 천이백오십 인이나 있다는데 기침소리 하나 들리지 않는군."

임금은 이상히 생각하고 이렇게 물었다.

"임금님, 이제 바로 요 앞입니다."

과연 그 말과 같았다. 얼마 안가서 숲이 조금 훤히 트인 곳에 수많은 제자들이 부처님을 중심으로 조용히 앉아 있었다. 몸은 움찔도 하지 않고 한결같이 선정에 들어 있는 모양이 밝은 달빛에 비추고 있었다.

그 모습은 그지없이 엄숙하여 눈썹하나 까딱하는 이도 없었다. 임금은 이와 같은 광경을 보고 놀라웠다. 그리하여 마음속으로 크게 감동한 나머지 부처님 앞에 조용히 나아가 무릎을 꿇고 사뢰었다.

"오오 부처님이시여! 저는 한 나라의 임금으로서 여러 가지 법을 만들어 백성을 다스리고 있습니다만 제가 지배하고 있는 사람들은, 아니 제 명령이라면 무슨 일이든지 복종하고 있는 군대라 할지라도 단 한순간만이라도 이와 같이 조용히 있게 할 수는 도저히 없습니다. 부처님께서는 어떻게 이토록 조용하게 할 수 있게 되었습니까?"

부처님은 조용히 대답하셨다.

"임금님은 사람의 근본을 이루고 있는 마음을 가라앉히려고 는 하지 않고 사람들의 겉모양만을 다스리려고 합니다."

이 말을 듣고 난 임금님의 마음속에는 어느새 보름달처럼 조 용하면서도 밝은 빛이 번지고 있었다. 부드러운 밤바람은 나뭇잎 을 스치고 신하들도 임금님 곁에서 빙그레 미소를 띠고 있었다.

— 『비나야파승사毘奈耶破僧事』 20

○ 1963년 6월 1일

겁쟁이들

　어느 강기슭에 울창한 야자나무 숲이 있었다. 그 숲에는 여섯 마리의 토끼가 사이좋게 지내고 있었다. 바람기도 없이 고요한 어느 밤 수풀 아래서 토끼들이 자고 있을 때 익을 대로 익은 야자열매가 제물에 겨워 강물에 떨어지면서 '풍덩!' 큰 소리를 내었다. 걸핏하면 놀라곤 하는 꼬마 토끼들은 그 소리에 깜짝 놀라 뛰어 달아났다. 길가에서 여우를 만났다. 여우는 토끼들의 질린 모양이 심상치 않아 물었다.

　"얘, 꼬마들아. 무엇 때문에 그렇게 미친 듯이 뛰고 있니?"

　토끼들은 돌아다보지도 않고 줄곧 뛰었다. 그중에 하나가 숨찬 소리로 말했다.

　"아무 소리 마. 큰일 났어! 무서운 짐승이 쫓아온단다."

　여우도 깜짝 놀라 "야, 큰일 났구나." 하고 뛰기 시작하였다. 멧돼지가 나와 "웬일이야 너희들은?" 하고 물었다. 토끼들과 여우는 뛰어가면서 소리쳤다.

"무서운 일이 생겼어. 무지무지한 짐승이 우리들을 잡으러 온대."

"무엇이니? 이거 큰일 났군!"

멧돼지도 한데 섞여 뛰었다. 이렇게 해서 사슴도 소도 코끼리도 늑대도 표범도 이리도 마지막엔 호랑이까지 모두 한데 어울려 뛰어 달아나고 있었다. 그런데 그렇게 머지않은 곳에 한 마리의 커다란 사자가 있었다. 사자는 달아나는 그들을 보고 어슬렁어슬렁 걸어 나와 물었다.

"너희들은 무얼 그리 서두르고들 있니?"

일행은 숨이 차 헐떡거리면서 말했다.

"아주 무시무시한 짐승이 우리들을 잡아먹으려고 한답니다. 사자님, 우리들을 구해주세요."

사자는 다시 물었다.

"무시무시한 짐승이라니 그것은 대체 어떻게 생긴 짐승이더냐?"

그러자 호랑이가 말했다.

"보진 않았지만 무서운 소리가 났다고 해."

사자가 침착하게 물었다.

"어떤 소리가 났는데?"

"거기까진 나도 몰라. 나는 표범한테 들었을 뿐이야."

사자가 다시 표범에게 물었다.

"나도 잘은 몰라. 이리한테서 들었어." 하고 표범은 대답했다. 이리는 늑대한테서 늑대는 코끼리한테서 코끼리는 소한테서 소는 사슴한테서 사슴은 멧돼지한테서 멧돼지는 여우한테서 여우는 토끼한테서 들었다고 했다. 사자는 꼬마 토끼들에게 물었다.

"꼬마들아, 너희들은 어떠한 소리를 들었니?"

여섯 마리의 토끼들은 아직도 벌벌 떨면서 한소리로 말했다.

"하늘이라도 내려앉는 듯한 무서운 소리였어요. 얼마나 무서웠던지 그 정체를 바라 볼 수 없었어요…."

사자는 토끼의 안내를 받아 토끼들이 있던 강기슭의 숲까지 가 보았지만 별다른 변화는 없었다.

"좀 더 천천히 살펴보자." 하고 사자는 비슷이 옆으로 기대고 쉬었다. 모두들 조용히 앉은 채 아직도 놀란 표정들을 하고 둘레를 흘끗흘끗 보고 있었다. 마침 그때 익은 '야자' 열매가 또 한 개 물속으로 '풍덩!' 소리를 내면서 떨어졌다. 토끼들은 움찔하였다. 사자는 갸웃하며 머리를 들더니 말했다.

"그렇지! 틀림없이 물소리였겠지. 어때? 너희들은 잠결에 갑자기 소리를 들었기 때문에 깜짝 놀란 게지? 너희들도 좀 더 차분히 알아보았더라면 아무것도 놀랄 만한 일은 없었을 거야."

"허참 겁쟁이 때문에 속았군……" 하면서 모두들 제각기 뿔뿔이 흩어져 갔다.

– 『근본설일체유부비나야根本說一切有部毘奈耶』 38

•후기

사람인 우리들도 이와 마찬가지로 있지도 않은 일에 겁을 내거나 기뻐하거나 하는 일이 많다. 잘 살펴보면 그와 같은 일에는 마음을 쓰지 않아도 좋을 것을. 생각해 보면 인생이란 영원히 있는 것은 아니다. 그것이 영원한 존재가 아니라는 것을 올바로 판단할 수 있다면 명예라든가 재산이라든가 죽음이나 모든 것은 시기하거나 겁내거나 할 필요가 없는 것이다. 바르게 사물을 보고 정확하게 판단하고 또한 그러기 위해서 수행하는 것이 불교에서는 가장 중요한 일이라고 경전에서는 말하고 있다.

○ 1963년 7월 1일

저승의 선물

옛날 어떤 임금의 이야기이다. 그는 사람이 죽은 뒤에는 죽은 사람들만 있는 '밤의 나라'에 가서 그곳의 왕인 '야마'에게 여러 가지 재판을 받는다는 말을 언제부터인가 전해 듣고서 자기가 죽은 뒤에는 나라 안의 보배를 선물로 가지고 가겠다고 생각하였다.

그래서 갖은 방법으로 자기 나라에 있는 보물들을 모으려고 작정한 나머지 보물이라고 이름 붙은 것이면 무엇이나 닥치는 대로 사들였다. 그것들을 한데 모아 창고에 소중하게 간직해 두었다. 그런데 이 나라에는 어머니 혼자서 독자인 아들을 데리고 살아가는 여인이 있었다. 그 아들의 아버지는 일찍이 죽고 없었다. 아버지가 죽은 뒤부터는 살림살이가 점점 기울어져 그날그날을 어렵게 지내고 있었다.

인물이 잘나고 재주도 뛰어난 아들은 그 나라의 공주와 사랑하는 사이였다. 집안이 가난했기 때문에 사랑하는 공주에게 선물을 주고 싶어도 무엇 하나 줄 것이 없었다. 그 일을 슬피 여기고 근심한 나머지 아들은 마침내 병으로 앓아눕게까지 되었다. 어머니는 크게 걱정하고 어떻게 했으면 하나밖에 없는 외아들의 소원을 풀어줄 수 있을까 하고 궁리를 거듭했다.

"애야, 우리 집은 요 몇 해 사이에 가난뱅이가 되었지만 그래도 이것저것 내다 팔면 어떻게 안 될 것도 없을 게다. 그렇지만 요즈음 임금은 어떻게 된 셈인지 나라 안에 있는 보물이란 보물은 죄다 사들여 창고 속에 가득가득 쟁여놓고 있다. 더구나 그래서 누구에게 선물을 하고 싶어도 사 보낼만한 보물이 하나도 없다고 하니 이 일을 어떻게 했으면 좋겠니?"

그러자 어머니는 문득 무슨 수라도 떠오른 듯이 기쁜 기색을 하였다.

"옳지! 참 그렇구나! 애야. 걱정 말아라. 우리에게도 보물이 있다. 너의 아버지가 돌아가실 때 저승의 야마왕께 바친다고 입에 금덩이를 하나 넣은 일이 있느니라. 그렇지. 그거면 될 게다. 어디 한 번 찾아 봐야겠다."

어머니는 아들을 걱정하던 끝에 죽은 남편의 무덤을 파기로 결심했다. 뼈만 흉하게 남은 무덤 속에서 마침내 금덩이를 얻을 수 있었다. 아들은 기뻐서 미칠 지경이었다. 그날로 그것을 공주에게 가지고 가서 오랜만에 가벼운 마음으로 그녀를 만날 수 있었다.

임금은 후원에서 공주와 같이 놀고 있는 젊은이와 금덩이를 보고 깜짝 놀랐다.

"이 나라 안에서는 이제 이와 같이 훌륭한 보물은 없을 텐데 이것은 어찌된 일인가?"

거기에서 젊은이는 임금의 물음에 사실대로 모두 말해주었다. 임금은 젊은이의 말을 듣고 슬픔에 겨워 눈물을 흘리면서 혼자서 나직하게 말했다.

"그래 그랬던가! 단 한 개의 보물도 가지고 갈 수가 없었단 말이지? 그렇다면 내 창고 안에 가득 쌓인 보물인들 어떻게 가지고 갈 수가 있겠는가. 그렇지만 내가 죽을 때는 야마왕 앞에 무엇을 선물했으면 좋을까?"

그때 마침 임금 곁에는 어진 재상이 한 사람 있었다.

"상감마마, 이 세상에 있는 보물 중에서 무엇 하나 선물이 될 만한 것은 없습니다. 오직 착한 일을 하는 것보다 더 좋은 선물은 없다고 생각합니다. 만약 나쁜 짓을 하게 되면 야마왕은 무서운 얼굴로 꾸짖지만 착한 일을 하게 되면 저승의 왕은 부드러운 낯으로 칭찬해 주실 것입니다. 그러하오니 상감마마께서 마련하실 가장 큰 선물은 나라를 잘 다스리시고 수행자와 가엾은 사람이나 가난한 이에게 '보시'를 하는 일이 아닌가 하옵니다."

임금도 과연 그렇겠다고 고개를 끄덕거렸다.

— 『대장엄론경大莊嚴論經』에서

○ 1963년 8월 1일

그림자

한 사나이가 커다란 못가에 멈추어 서서 한참동안 뚫어지게 못 속을 들여다보고 있었다. 그러다가 물속에 거꾸로 비춘 자기의 그림자에 눈이 가자 후다닥 놀라 양손을 번쩍 들고 "사람 살려!" 하고 외치면서 그곳에서 뛰쳐 갔다.

황급하게 외치는 이 소리를 듣고 많은 사람들이 허겁지겁 모여들었다.

"어찌된 일이오? 무엇 때문에 그렇게 고함치는 것입니까?"

모인 사람마다 궁금해서 물었다.

그 사내는,

"여러분, 나는 지금 못 속에 거꾸로 떨어져 죽으려고 합니다."

이 말을 듣고 사람들은 놀라지 않을 수 없었다.

"엉뚱한 짓으로 놀라게 하지 말아요. 당신은 지금 못에 떨어진 것은 아니지 않소. 그렇게 멀쩡하게 서 있으면서."

그 사내는 사람들에게 또 외쳤다.

"당신들은 아무것도 모릅니다. 나를 따라 오시오. 내가 못에 빠져 죽어 있는 것을 보여드릴 테니까."

"뭐? 죽어 있는 것을 보여주겠다고? 좋소. 그럼 어디 보여주시오."

사람들은 그 사내의 뒤를 따라 갔다. 사내는 못가에 이르러 물속을 들여다 본 다음 여러 사람들에게 외쳤다.

"잘 보아요. 당신들은 내가 못 속에 빠져 죽어 있는 것을 볼 수 있을 것이니까."

사람들은 그 사내에게 말했다.

"당신은 정말 바보로군. 저것은 당신의 그림자요. 당신은 멀쩡하게 못가에 서있지 않소. 당신뿐 아니라 우리들의 그림자도 저렇게 모두 물속에 비추고 있지 않소?"

그러자 그 사내는 답답하다는 듯 소리쳤다.

"당신들이야말로 정말 바보요. 그렇지 않습니까? 이것은 나 혼자만의 재난이 아니오. 당신들도 죄다 못 속에 빠져 있지 않습니까?"

그러더니 큰소리로 떠들면서 마을 쪽으로 달려가 만나는 사람마다 그 사실을 알리면서 돌아다녔다.

"나와 또 많은 사람들이 지금 못 속에 빠져 죽으려고 합니다. 여러분들은 어서 달려가 구해주셔야 하겠습니다."

마을 사람들은 이상하게 생각하였다.

"뭐라고요? 당신은 못 속에서 죽으려 하고 있지 않습니다. 당신은 그렇게 분명히 땅 위에 서 있지 않습니까?"

사내는 화를 내며 말했다.

"당신들은 어째서 그렇게 깜깜한 철통들뿐이오? 나와 같이 가서 진상을 똑똑히 보아주시오."

마을 사람들은 서로 얼굴을 마주 보며 수군거렸다.

"이건 아무래도 머리가 '레코드판'인 모양이군. 그렇지만 우리 어디 한번 이 사람 말대로 못가에 가서 그 진상이라는 것을 좀 보아줄까요?"

마을 사람들은 무슨 구경거리라도 보러가는 듯 가벼운 걸음으로 그 사내를 따라 못가로 갔다. 거기에는 벌써 많은 사람들이 못 기슭에 모여 이 사내의 바보짓을 비웃고 있었다. 마을 사람들은 그 사내를 보고 말했다.

"어느 누구도 못 속에 빠진 것은 아니지 않습니까? 당신은 조금 돈 것이 아닙니까?"

사내는 못 기슭에 서 있는 사람들을 흘겨보고 나서 물속에 거꾸로 비춘 그림자를 가리키며 마을 사람들에게 말했다.

"당신들도 정말 바보로군요. 보시오. 저렇게 물속에 빠져 있지 않습니까?"

"당신이야말로 갈 데 없는 바보요 바보! 그것은 그림자요. 참 몸뚱이가 아니란 말이오. 어째서 이런 걸 모르고 있을까?"

그러나 그 사나이는 끝까지 자기가 물속에 빠져 있다고 믿으면서 사람들의 말에 귀를 기울이려고 하지 않았다.

－『대위덕다라니경大威德陀羅尼經』에서

○ 1963년 9월 1일

장수왕

원한을 원한으로 갚으려 하면 원한은 그칠 새가 없다. 다만 원한
을 버림으로써 그치나니 이 법은 영원히 변치 않으리라.

— 법구오게法句五偈

1.

옛날 중인도에 코살라라고 하는 큰 나라가 있었는데 그 나라
임금인 장수왕長壽王에게는 '장생長生'이라는 태자가 하나 있었다.
이 나라 임금은 대단히 자비스러워서 어진 정치를 베풀었기 때
문에 백성들은 누구나 할 것 없이 어버이처럼 섬겼다. 이와는 반
대로 이웃나라 카아시의 브라흐마닷타 왕은 아주 포악하고 그
위에 흉년이 거듭 들어 백성들의 살림살이는 말할 수 없이 가난

했다. 인심은 흉흉하여 못살겠다는 백성들의 원성이 날로 높아 갔다. 그러기 때문에 주변의 많은 나라는 어느 때고 코살라 나라를 눈앞의 밥으로 탐탐히 노리고 있었다.

그러던 어느 날 카아시의 브라흐마닷타 왕은 갑자기 군사를 일으켜 평화로운 코살라를 향해서 쳐들어가고 있었다. 이 소식을 들은 코살라 나라는 벌컥 뒤집혔다. 신하들은 놀라서 즉각 임금한테 출병하기를 간청했다. 그러나 장수왕은 허락하지 않았다.

"나는 전쟁을 하고 싶지 않다. 전쟁을 해서 아무 것도 모르는 착한 백성들을 죽이거나 재산을 불태우기보다는, 차라리 이대로 모든 것을 브라흐마닷타에게 내맡겨버리는 편이 나으리라. 사랑하는 백성들을 아무렇게나 전쟁의 희생물로 만들고 싶지 않노라."

여러 신하들은 입을 모아 "상감마마, 반드시 이길 자신이 있습니다. 저희들을 부디 싸움터로 보내주십시오!" 하고 두 번 세 번 간청하였다. 그러나 임금님은 한결같이 대답할 뿐이었다.

"가령 우리나라가 싸움에서 이긴다 해도 저쪽이나 이쪽이 다 같이 수많은 사상자를 낼 것은 뻔한 일이 아니겠느냐. 목숨을 소중히 여기고 아끼기란 누구나 마찬가지 심정이리라. 자기 혼자만의 욕심을 채우려는 것은 어진이로서 취할 태도가 아니니라."

그러나 혈기에 찬 신하들은 임금의 간곡한 만류에도 듣지 않고 마침내 공격의 불을 뿜었다. 임금은 이 모양을 보고 개탄하고 이일저일 깊이 생각한 끝에 태자 '장생'을 불러 말했다.

"신하들은 내 말을 듣지도 않고 싸움터로 나가버렸다. 이제부터 우리는 함께 왕궁을 떠나 몸을 숨겨야겠다."

임금과 태자는 몸을 변장하고 산중 깊숙이 숨어버렸다. 임금님을 잃어버린 코살라 군사의 사기는 급히 꺾이어 하는 수 없이 브라흐마닷타의 지배 아래 들게 되었다. 그러나 그는 코살라를 지배하면서도 그 임금 '장수왕'을 죽여 버리지 않는 한 마음을 놓을 수가 없었다. 그리하여 나라 안에 포고령을 내리고 장수왕의 머리를 현상 걸어 찾도록 하였다.

2.

산중으로 들어간 장수왕은 어느 날 한 사람의 바라문과 마주쳤다. 바라문은 그가 장수왕인 줄도 모르고 이렇게 물었다.

"나는 이 나라의 장수왕이 무엇이든지 보시를 잘한다는 소문을 들었습니다. 장수왕께서는 지금도 보시를 잘하는지 어떤지 그 실정을 좀 들려주실 수 있겠습니까?"

장수왕은 멀리서 자기를 찾아온 나그네를 가엾이 생각하고 "내가 바로 그 장수왕입니다. 지금은 다른 나라 왕에게 나라를 빼앗겨버리고 이렇게 망명하고 있는 중이라서 드릴만한 것을 갖고 있지 못해서 죄송하군요. 어떻게 해서든지 당신에게 무엇이고 드리고 싶습니다만…" 하면서 한참을 생각하였다. 이윽고 결심하고 나서 바라문에게 말했다.

"이 나라의 새 임금은 내 머리에 많은 돈을 걸고 찾고 있답니다. 이 머리를 베어 가지고 가서 상금을 타십시오. 지금 내게는 이밖에는 아무것도 가진 것이 없으므로 이 머리를 보시하겠습니다."

이 말을 들은 바라문은 깜짝 놀랐다. 그러한 일은 할 수 없다고 거절하면서 돌아가려고 하였다. 장수왕은 바라문의 손을 붙잡으면서 거듭 말했다.

"사람이란 언제 죽을지 알 수 없는 것, 언젠가는 나의 목숨도 누구에게 붙잡혀 죽을 운명에 놓여 있습니다. 그러니 이 머리로 상금을 받아주십시오."

바라문은 장수왕의 간곡한 말을 듣고 흐느껴 울었다. 그렇지만 자기 손으로 머리를 벨 수는 없다고 생각하였다. 장수왕은 그의 심경을 알아채고 이렇게 말했다.

"그럼 어떻게든지 나를 묶어서 임금이 있는 곳으로 데리고만 가십시오."

바라문은 어쩔 수 없이 장수왕을 데리고 왕성으로 가서 새 임금에게 넘겨주었다. 그 대가로 많은 돈을 받았지만 마음은 결코 가벼울 수가 없었다.

장수왕이 붙들려 사형에 처하게 된다는 소문이 삽시간에 온 나라 안에 번졌다. 예전 신하들은 이제는 하는 수 없다고 단념할 수밖에 없었다. 마지막으로 장수왕에게 공양을 올릴 것과 시체를 자기들의 손으로 장사지낼 것을 새 임금에게 청해 간신히 허락을 얻었다.

한편, 산 속에 피신해 있던 태자 '장생'의 귀에도 이 소문이 전해졌다. 그는 나무꾼으로 변장하고 형장으로 달려가 군중 속에 끼어 아버지의 모습을 애끓는 마음으로 바라보았다. 아버지 장수왕은 멀리서 아들 장생의 마음을 살피고 누구에게 하는 것 같지 않게 혼자서 말했다.

"어버이의 가르침을 그대로 지키는 것은 자식 된 도리이니라. 나는 결코 누구에게 원한을 품고 죽는 것은 아니다. 즐거워하면서 죽어간다. 만약 나를 위해서 장차 복수하는 일이 있다면 비극은 언제까지고 되풀이될 것이니 부디 그러지 말아다오."

3.

아버지가 죽은 뒤부터 장생은 번민의 나날을 보냈다. 아버지의 유언을 지켜야 할 것이냐, 아니면 아버지의 원수를 갚아야 할 것이냐? 이 두 갈래 길에서 장생은 괴로워하고 있었던 것이다. 그러나 아무래도 아버지의 원수 브라흐마닷타를 그대로 버려둘 수는 없었다. 태자는 우선 새 임금이 신망하는 신하의 집에 일꾼으로서 들어가 살기로 했다. 얼마 안 가서 일꾼에서 요리인으로 올라갔다. 어느 날 그가 만든 요리가 임금의 눈에 띄게 되어 그때부터 그는 임금님의 가까운 시종으로 채용되었다.

브라흐마닷타는 자기의 시종이 장생 태자인 줄은 차마 모르고 하루는 그에게 이런 말을 하였다.

"사실은 내게 한 사람의 적이 있다. 저 장수왕의 장생이란 녀석이 들리는 말에 의하면 어떻게 해서든지 나를 죽이겠다고 노리고 있다는구나. 너는 내 가까운 시종으로서 무술을 잘 익혀 두어 만일의 경우에 대비하도록 하여라."

이날부터 젊은 시종 장생에 대한 임금의 신망은 날로 두터워 갔다. 가을이 짙어가는 어느 날 임금은 여러 신하와 시종들을 거느리고 사냥을 나가게 되었다. 장생도 함께 가게된 것은 말할 것도 없다.

그는 더할 나위 없는 기회를 마련하기 위해 임금과 단 둘이만 있도록 꾀했다. 장생은 일부러 길을 잘못 들어 산골 깊숙이 들어가고 있었다. 임금은 얼마 안되어 피로한 몸을 쉬자고 했다. 그리하여 마침내는 장생의 무릎을 베고 옅은 잠에 들게 되었다.

장생은 이 순간을 잊지 않았다. 지나간 몇 해를 두고 이러한 때가 오기를 얼마나 고대했던가! 지금이야말로 아버지의 원수를 갚을 때라고 칼에 손을 댔다. 이때 번쩍 아버지의 유언이 번갯불처럼 그의 머리를 스쳤다. "아!" 하고 생각한 순간 그는 뜻밖에 빼들었던 칼을 떨어뜨리고 말았다. 브라흐마닷타는 그때 마침 잠에서 선뜻 깨어나 혼잣말처럼 중얼거렸다.

"꿈속에서 장생이 나를 죽이려 왔더구나."

그리고는 이내 깊은 잠에 떨어져 버렸다.

'이번에만은' 하고 장생은 다시 칼을 빼어 들었다. 그런데 이상하게도 아버지의 마지막 그 목소리가 다시 들려오는 것이었다.

"…만약 나를 위해서 장차 복수하는 일이 있다면 비극은 언제까지고 되풀이될 것이니 부디 그러지 말아다오…."

그렇지만 장생은 두 번 세 번 같은 일을 되풀이하였다. 그때마다 임금도 또한 무서운 꿈에 쫓겨 깨어나곤 했다. 장생은 마침내 칼을 던져버리고 임금 앞에 꿇어 앉아 지금까지 지나온 일들을 죄다 말해버렸다.

"상감마마, 제가 바로 장생입니다. 저의 아버지는 상감에게 처형되었지만, 원한을 품거나 복수해서는 안 된다고 말씀하셨습니다. 저는 어떻게든지 상감의 목숨을 빼앗으려고 하였으나, 그때마다 아버지의 유언이 생각나서 어떻게 할 수가 없었습니다. 어서 저를 죽여 주십시오."

이 말을 듣고 브라흐마닷타는 비로소 오랜 잠에서 깨어나 뉘우치게 되었다. 장생을 끌어안고 감개의 눈물을 뿌렸다. 어떤 영문인지도 알 수 없이 이 광경을 보고 모여든 신하들을 향해서 임금은 "이 젊은이는 다름 아닌 장생, 그 사람이다. 오늘부터 나하고는 형제가 되었노라. 나는 다시 예전의 카아시로 돌아가고 이 코살라는 장생에게 돌려주노라."고 선언하고 지금까지의 일을 낱낱이 들려주었다.

깊숙한 산골에서는 곱게 물든 잎이 한 잎 두 잎 시나브로 지고 있었다.

여기에 나온 장수왕은 부처님의 전신이고 장생 태자는 아난 존자이며 브라흐마닷타는 부처님을 괴롭히던 데바닷타였다.

– 『장수왕경長壽王經』에서

○ 1964년 1월 1일

봄길에서

봄. 그러니까 하늘과 땅은 그 무거운 핫옷을 벗고 있었다. 산은 움터오는 새싹으로 온몸이 가려워 아른아른 아지랑이를 피우면서 이따금 재채기를 하였다. 새들은 맑은 목청으로 새싹들을 간질이고 시냇물은 가슴을 풀어 헤친 채 새 노래를 받았다. 허공을 지나는 구름도 물이 오른 나무 가지의 눈매에 이끌려 가지 끝에서 서성거리고 있었다.

깊은 산골짜기에 있는 산울림 영감도 이런 날은 바위에 나와 앉아 이라도 잡을 듯한 그렇게 따스한 봄날. 양지바른 산자락에는 저마다 화려한 매무새를 하고 한 무리의 산 짐승들이 파란 새싹 위를 뒹굴면서 한가롭게 놀고 있었다. 까마귀와 사슴과 비둘기와 뱀과…

그때 아침 산골 깊숙한 곳에 토굴을 모으고 도를 닦고 있던 도사 한 사람이 거기를 지나게 되었다. 산짐승들은 그 도사를 보자 반기면서 쉬어가시라고 입을 모았다. 도사도 평화롭게 놀고 있는 모양이 하도 오붓해서 그들 곁에 앉으면서 이렇게 말했다.

"너희들은 정말 오순도순 의좋게도 지내고 있구나."

"그럼요. 이런 재미로나 살지요. 그런데 스님은 혼자서 무슨 재미로 산에서 살아요?"

"무슨 재미로 사느냐고? 글쎄 나는 산이 좋아 산에서 사나보다. 허허…."

"아이참 스님도." 하며 비둘기는 고운 눈으로 가볍게 흘겼다. 도사는 그들을 조용히 바라보면서 물었다.

"보기에 이렇게 행복한 너희들에게도 괴로움 같은 것이 있니?"

그들은 하나같이 입을 모아 대답했다. 까만 스웨터를 입은 까마귀는 성큼성큼 도사 곁으로 다가서면서 이렇게 말했다.

"스님, 무어니 무어니 해도 먹을 게 없는 것이 가장 괴롭더군요. 쫄쫄 굶었다고 생각해 보세요. 사지는 맥이 빠져 나른해지고 머리는 핑핑 돌며 마지막엔 말할 기력조차 잃어버리지 않아요? 저는 남들이 넉넉해야 마음이 놓여요. 먹을 게 없는 것처럼 괴로운 일이 또 어디 있을까요?"

이 말을 듣고 있던 사슴은 맑은 눈으로 먼 하늘가를 바라보면서 나직하게 말했다.

"저 애는 먹을 것밖에 모르나봐. 그런 것은 찾아다니면 얻을 수도 있지 않아? 하지만 난 무서운 것처럼 싫은 것은 없더라. 저쪽에서 오고 있는 사냥꾼의 눈에라도 띄어봐. 그때의 무서움이란 말로는 다 할 수 없어. 붙들리지 않으려고 이내 다리로 죽자 살자 이리 뛰고 저리 뛰지만 어디서 몰이꾼이 나타날지를 몰라 간신히 피했다고 생각할 사이도 없이 이번에는 불쑥 총을 겨눈 포수가 앞을 막아서면 나는 그만 빳빳하게 서 버릴 수밖에 없어. 너는 먹을 게 없는 것이 가장 괴롭다고 하지만 그래도 그것을 찾을 때는 기쁨도 있을 거야. 도망칠 때의 마음이란…. 아, 생각만이라도 괴로워 괴로워!"

사슴은 지금 당장에 쫓기기라도 하는 듯이 새파랗게 질려 오들오들 떨기까지 했다. 이때 비둘기는 따스하게 쪼이는 봄볕 아래서 열심히 매니큐어를 바르고 나서 빨갛게 윤기 나는 자기의 손톱을 취한 듯이 내려다보고 있다가 "나는 그렇지 않아." 하고 불쑥 말을 꺼냈다.

"먹을 것은 배고프지 않을 만큼 얻으면 되고, 사냥꾼들이 오더라도 내게는 날 수 있는 날개가 있기 때문에 아무렇지도 않아."

비둘기는 도사의 얼굴을 말끄러미 쳐다보면서 말을 이었다.

"하지만 스님, 제가 가장 괴롭다고 생각되는 것은 욕심을 억누르는 일일 것 같애요. 한 번 가지고 싶다거나 아깝다는 생각이 들기 시작하면 그대로 배겨 낼 수가 없기 때문이에요. 온몸은 불타오르고 가슴은 미어지는 듯 괴로워요. 저는 무엇보다도 이 욕심이란 놈이 세상에서 제일 괴로운 일이라고 생각해요. 스님, 그렇지 않으세요?"하며 말괄량이 비둘기는 도사에게 응원이라도 청하듯 눈짓을 보냈다.

도사는 아무 말도 없이 그저 빙그레 웃고만 있었다. 봄의 꽃들이 무색하리만큼 화사한 옷차림에 입술연지까지 바른 뱀 아가씨는 가벼운 애교까지 부리면서 이렇게 말했다.

"아이참, 너희들은 별일도 아닌 것들을 가지고 수선들이구나. 먹을 것쯤이야 찾기만 하면 얼마든지 있는 것, 또 적에게 쫓길 두려움이 전혀 없는 것은 아니지만 별로 잡아먹힐 것까지야 없지 않겠니? 그리고 욕심이 괴로운 것이라곤 생각지 않아." 하고 목소리를 가다듬으면서 말을 이었다.

"그런데 나는 말이야. 성이 나는 것이 가장 괴로워. 울컥 화가 치밀어 '이걸 그냥!' 하는 생각이 들면 나는 괴로워 죽을 지경이야. 머리를 곤두세우고 눈알을 반짝이면서 달려가는 걸 남이 보면 혹시 신나게 여길지 모르지만 그럴 때면 이 차가운 심장에도 불꽃이 일어 견딜 수가 없어. 성내지 말자. 성내서는 안 된다고 항상 속으로 다짐하지만 그건 내 천성인 모양인지 걸핏하면 화가 치미는 걸 어떡하니? 그래서 난 이 성내는 것이 가장 괴로워."

도사는 이제까지 잠자코 그들의 말을 듣고만 있다가 마지막으로 입을 열었다.

"누구나 곁에서 보기엔 아무렇지도 않은 행복한 얼굴들이지만 그 속을 들여다보면 다들 자기 나름의 괴로움이 있는 법이란다. 사슴의 괴로움이 비둘기에게는 아무렇지도 않은 일 같지만 그 대신 비둘기는 사슴이 모르는 괴로움이 있거든. 그리고 또 까마귀나 사슴이나 비둘기의 괴로움 같은 것을 아무렇지도 않게 여기는 뱀에게도 자기대로의 괴로움이 있으니 말이다."

도사는 조용히 듣고 있는 그들을 돌아보고 다시 말을 이었다.

"그러니 이 세상은 어디를 가나 괴로움이 있기 마련이란다. 물론 이 세상 끝까지 가더라도 이러한 사실이 절실해진다면 그런 괴로움이 없는 세상이란 어디 있는가를 찾게 될 거야. 모든 것은 괴로움의 세상에서 허덕이고 있다. 나만이 아니라 남들도 함께 이 말에 거짓이 없는 줄을 절실히 알게 되면 너희들도 어쩔 수 없이 불도 수행의 첫 길을 내딛게 될 거란 말이다."

산에게도 무슨 괴로움이 있을까? 저렇게 온몸에 아지랑이를 피우면서 이따금 재채기 소리가 쩌렁쩌렁 골 안을 울리는 걸 보면.

— 『승가나찰경僧伽羅刹經』에서

○ 1964년 3월 1일

봄 안개 같은

물론 먼 옛날의 이야기다. 나라가 태평하고 백성들이 평안한 고장이면 으레 그렇듯이 그 나라에도 은혜로운 임금이 살고 있었다. 산골짜기에서는 진달래가 붉게 가슴을 태우고 있을 어느 봄날, 임금은 다음과 같이 포근한 목소리로 담화를 발표했다.

"사랑하는 우리 형제들이시여! 저는 새봄을 맞이하여 우리 형제들에게 무엇인가를 베풀고 싶어졌습니다. 누구든지 저의 집에 오셔서 보물을 한 움큼씩 가져가시기를 즐거운 마음으로 기다리겠습니다."

궁전에는 보물이 산더미처럼 쌓여 있어, 저마다 가벼운 기대를 가지고 새로운 임자들을 기다리고 있었다. 수많은 사람들이 날마다 뒤를 이어 와서, 요즈음 우리네 풍속과는 달리 공것이지만 질서정연하게 한 움큼씩의 보물을 가지고 즐겁게 돌아가곤 하였다. 그런데 며칠이 지나도 그 보물은 조금도 줄어드는 것 같지가 않았다. 그처럼 보물은 많았던 모양이다.

그때 한 사람의 젊은 수행자가 이 임금의 나라로 들어왔다. 임금은 이 수행자가 먼 나라로부터 와준 것을 기쁘게 여겨 몸소 맞아들였다.

"무엇인가 바람이 있어 멀리서 오시게 되었을 텐데, 어서 사양 마시고 말씀해 주십시오."

"네, 저는 임금님께서 널리 보시를 하신다는 소문을 듣고 먼 나라에서 이렇게 찾아 왔습니다. 실상 저는 이제까지 제 집이라는 걸 가져 본 적이 없습니다. 그래서 보시를 얻게 되면 살 집을 하나 마련할까 합니다만…."

임금은 수행자의 말을 듣고 보물이 있는 곳으로 그를 안내하여 손수 한 움큼을 가져가라고 하였다. 그는 산더미처럼 쌓인 보물 중에서 한 움큼 가득 쥐고서 임금에게 고마운 하직 인사를 하였다. 그런데 몇 걸음 가더니 무엇을 생각했음인지 그는 다시 되돌아와 그 보물을 조금 전에 있던 자리에다 놓는 것이었다.

임금은 이상하게 여기면서 물었다.

"어째서 가지고 가지 않습니까?"

"임금님, 이 보물을 가지고는 오막살이집 한 채밖에 지을 수가 없습니다. 혹시 결혼해서 아내라도 맞이하게 된다면 집안이 좁아서 살기에 불편할 것 같으므로 그만 돌려드리는 것입니다."

"오 그러시겠습니다! 그러면 세 움큼만 가져가십시오. 이제는 아내도 맞아들일 수 있을 테니까요."

수행자는 세 움큼의 보물을 가지고 가더니, 이내 또 다시 되돌아왔다. 그리고 조금 전처럼 보물이 쌓여 있는 곳에다 놓는 것이다.

"어찌된 일입니까? 또 되돌아오시니?"

"이것을 가지고 아내를 얻을 수는 있습니다만, 먹고 살 논밭도 없고 일꾼을 부리거나 가축을 기를 수가 없습니다. 그런 것을 갖추려면 아무래도 모자랄 것 같아서 되돌려 드리기로 했습니다."

"그런 형편이라면 한 일곱 움큼쯤 가지고 가시면 되겠습니까?"

수행자는 이번에는 일곱 움큼의 보물을 가지고 떠났다. 그런데 이윽고 다시 되돌아와 아까처럼 가지고 갔던 보물을 제자리에 쏟아 놓았다.

"아니 어떻게 된 일입니까? 그래도 모자랍니까?"

수행자는 이렇게 말하였다.

"임금님, 덕분에 아내도 맞아들일 수 있고, 논밭을 가지고 일꾼도 데려올 수가 있지만, 어린애가 생기고 누가 죽거나 혹은 병을 앓게 된다면 아무런 준비도 없습니다. 차라리 아무것도 갖지 않은 편이 좋을 것 같아서 되돌려드리는 것입니다."

임금은 그 말을 듣고 한참 생각하더니 고개를 끄덕이면서 이렇게 말했다.

"여기 쌓여 있는 보물을 죄다 가져가십시오. 그렇다면 이제는 조금도 모자라지 않을 것입니다. 자 어서요."

그런데 이 젊은 수행자는 임금이 자기에게 주겠다고 승낙한 보물들을 죄다 가지고 갈 줄 알았더니, 웬걸 그대로 둔 채 물러 가려고 하는 것이 아닌가. 임금은 깜짝 놀라 그를 불러 세웠다.

"이보십시오. 도대체 어떻게 된 영문입니까? 이제 보물은 소용이 없습니까?"

젊은 수행자는 빙그레 미소를 지으며 임금의 얼굴을 물끄러미 바라보는 것이다. 그 얼굴은 임금이 이제까지 보아온 그 누구의 얼굴보다도 밝게 환히 빛나고 있었다.

"임금님, 저는 임금님께서 베풀어 주신 그 많은 재물로써 제 생활의 바탕을 얻으려고 했습니다. 그러나 곰곰이 생각해 보니 사람이 산다는 것은 얼마 되지 않는 동안입니다. 그리고 모든 것은 영원히 존속하는 것이 아니라 아침에는 저녁에 일어날 일 조차 알 수가 없습니다. 이런데도 그 많은 재물을 얻게 되면 얻은 그만큼 여러 가지 성가신 일들이 생길 것입니다. 욕망이란 휴일이 없다고 하지 않습니까? 그래서 전에 없던 괴로움이 닥쳐올 것 같습니다. 설사 보물이 산더미처럼 쌓여 있다 하더라도 결국은 아무런 소용도 없게 됩니다. 욕심을 부려 자신에게 괴로움을 더하기보다는 좀 아쉽더라도 마음을 조용히 갖는 편이 훨씬 행복하리라는 생각이 들어, 모처럼 제게 주신 보물들을 되돌려 드리게 된 것입니다."

임금은 이 말에 크게 울림을 받아 그전보다 어진 정치를 하게 되었다. 물론 해마다 오곡이 풍성하게 무르익고 백성들은 태평성세를 노래하며, 문을 걸어 닫는 풍속이 철거된 지는 이미 오래 되었다. 이웃 간에 오순도순 다사로운 인정을 나누며, 사람이 살아가는 세상답게 살아갔다.

영 너머에서는 봄 안개 같은 뻐꾸기 울음이 들릴 것도 같은데.

— 『법구비유경法句譬喩經』에서

○ 1964년 4월 1일

모래성

바닷가. 수평선이 멀리 바다 끝을 가리고 흘러 다니다가 피곤해서인지 섬들은 듬성듬성 졸고 있었다. 갈매기는 다음날 항구의 갠 날씨를 노래하고 한 무리의 귀여운 아이들이 놀고 있었다. 잔물결이 모래알을 간질이고 있는 그러한 바닷가에서 무심히 이상李箱의 그 고독한 '아이들'처럼 꼬마들은 조약돌과 모래를 한데 모아 성을 쌓거나 집을 짓고 있었다.

그들은 노래하듯 "이것은 내 성이야." "이건 우리 집이고." 이렇게 흥얼거리며 저마다 자기 것을 지키면서 남의 것에는 손을 대지 않았다. 그런데 그중 한 꼬마가 어떻게 뒷걸음을 치다가 그만 곁에 있는 아이의 성에 부딪쳐, 그 모래성을 허물게 되었다.

이때 허물린 성주는 크게 골을 내어, 자기 성을 무너뜨린 꼬마를 붙들고 씨근씨근 마구 두들기는 것이었다. 그리고 나서 눈물을 글썽거리며 큰 소리로 외쳤다.

"이 애가 내 성을 허물었다. 얘들아, 모두 와서 이 애를 혼 좀 내줘!"

꼬마들은 일제히 손을 털고 모여 들었다. 그리고 한데 어울려 고사리 같은 손으로 그 애를 치고받고 한바탕 소란을 떨었다.

"남의 성을 허물어버리는 놈은 나쁜 놈이야. 그 성을 그 전처럼 고쳐 놓아야 해. 그리고 이 다음부터는 남의 성이나 집을 허무는 자는 모두 이렇게 벌을 주기로 하자. 그래서 우리들의 신성한 성과 집을 지키기로 해."

이 말끝에 꼬마들은 "그래그래…" 하며 바닷가가 떠나갈 듯 환성을 울렸다. 꼬마들은 다시 뿔뿔이 흩어져 조금 전처럼 저마다 모래로 성을 쌓으면서 즐겁게 놀고 있었다.

꼬마들은 남을 혹시나 다치게 할까 주의를 게을리 하지 않으면서 자기가 지은 성이나 집을 자기 것이라 해서 소중히 다듬고 있었다. 눈부시던 하루해가 점점 그 빛을 거두더니, 마침내 고운 노을을 남긴 채 수평선 너머로 가라앉고 말았다. 어스름한 밤의 장막이 모래벌에 번지기 시작하자, 꼬마들의 마음은 더 이상 자기네의 성에 머무르려 하지 않았다.

엄마와 아빠의 곁으로 돌아가고 싶어졌다. 꼬마들은 손을 털고 일어섰다. 조금 전까지도 서슬이 퍼렇게 지키던 그 성들은 이제 조그만 발에 스쳐 하나둘 무너져 갔다. 꼬마들은 자기들이 쌓은 모래성을 돌아보려고도 하지 않았다. 모래벌판 희미한 노을 속에 쓸쓸히 남겨둔 채 문간에 나와 기다리고 있을 엄마와 아빠의 얼굴을 저마다 그리면서 집으로 돌아가고 있었다.

어른들의 차지인 명예나 재산이 이 어린이들이 쌓은 모래성과 견주어 무엇이 다르랴. 인생의 황혼이 내리면 그것은 다 부질없는 것. 그래서 우리들은 밤이 오면 저마다 어버이의 품을 찾는 어린 꼬마. 찾아갈 다사로운 품(의지할 곳)을 갖지 못할 때, 우리는 그를 일러 고아라 한다. 인생의 고아! 그리고 실향사민失鄕私民이라고도 한다.

― 『수행도지경修行道地經』에서

○ 1964년 7월 1일

연둣빛 미소

"엄마!"

"아가!"

아이와 어머니는 얼싸안은 채 목이 메어 말을 잇지 못했다. 어머니는 한참만에야 눈물을 거두고 아이에게 물었다.

"그래 어딜 갔다가 이렇게 왔니?"

아이는 주먹으로 눈물을 닦으면서 "영영 엄마를 못 볼 줄 알았어…" 모자의 가슴에는 다시 기쁨과 슬픔의 멍울이 맺었다.

"네가 붙잡혀간 뒤부터 나는 먹는 것도 자는 것도 다 잊고 슬픔으로 나날을 보내고 있었다. 우리 아이가 다시는 내 곁에 못 돌아올 걸 생각하니 미칠 것만 같더라. 하지만 행여나 하는 마음에 오늘도 문 밖에서 이렇게 기다리고 있었단다."

"엄마, 이젠 그만 울어. 내 다 이야기 할게…"

'아기 자라'는 '엄마 자라'한테 그동안에 겪은 일들을 차근차근 이야기했다.

"그러니까 엄마가 그날은 꿈자리가 사납다고 밖에 나가 놀지 말라고 하셨는데, 이웃집 아이들이랑 재미있는 놀이를 하느라고 행길까지 나가게 됐어. 한참 땅 뺏기를 하면서 정신없이 노는데, 험상스럽게 생긴 것이 우리들을 덥석 붙들지 않겠어요?"

아기 자라는 부르르 몸을 떨고 나서 말을 이었다.

"그때 큰 소리로 엄마를 부르면서 발버둥을 쳤지만 그럴수록 꼼짝도 못하게 했어. 뒤로 알아보니 험상스런 그것이 뭍에서 산다는 사람이래요. 사람. 붙들려간 그날은 그 험상스런 사람의 집에서 잤어요. 물론 아무것도 먹지 못한 채로요. 그 다음날, 우리들을 깜깜한 궤짝에 넣더니 시장이란 데로 메고 가지 않겠어요. 엄마, 지금 내 말 들어?"

"응, 듣고말고…."

"그럼 왜 눈을 감고 있어?"

"아가, 그래도 다 듣는다."

엄마 자라는 돌아앉아 치맛자락으로 눈물을 훔쳤다.

"엄마, 시장이란 곳이 무엇 하는 곳인 줄 알아?"

"내가 어떻게 알겠니? 한 번도 가보지 않은 데를."

"거기선 말이야. 사람들이 많이 모여 물건을 사고팔아요. 그러니까 우리가 간 곳도 그런 시장 중 하나예요. 동대문시장이라 하는 곳으로 데리고 가더니 돈이라는 종이쪽지를 몇 장 받고 팔아버렸어요. 답답하던 궤짝 속에서 나와 물이 있는 그릇에 담기니 우선 살 것 같았어요. 그런데 거기에는 우리보다 먼저 온 아이들이랑 어른들도 여럿이 있었어요. 혹시 우리 아빠도 계시는지 살살이 살펴보았지만 아빠는 종내 눈에 띄지 않았어. 아마 진즉 팔려갔나 봐요. 한 번 가면 다시 돌아올 수 없다는 곳으로….”

“그때가 봄이니까 벌써 돌아가셨겠지….”

아기 자라는 엄마의 눈매를 보고 슬슬 말머리를 돌렸다.

“얼핏 밖을 내다보니 우리를 팔아버린 그 사람의 뒷모습이 고무신 가게 앞에 서 있었어요. 그러니까 그날 아침 맨발로 나루터까지 따라 나오면서, 오늘은 꼭 신을 한 켤레 사달라고 신신당부하던 그집 꼬마의 모습이 떠오르더군요.”

아기 자라는 목이 마르다고 물을 벌컥벌컥 마시고 나더니 다시 말을 이었다.

“엄마, 그 시장이란 곳에는 사람들이 참 많기도 해. 왜 또 그리 떠들기를 좋아하는지. 바람이 부는 날 우리 집 울타리에 부딪치는 파도 소리는 거기 대면 차라리 조용한 노래일거야. 함께 잡혀간 동무 중에서 몇 아이는 그날 해가 설핏할 무렵에 어떤 아줌마에게 팔려갔어요. 정말 그때 까딱했으면 나도 함께 갈 뻔했는데…. 숨을 죽이고 가만히 엎드려 있었더니 붙들리지 않았어. 그때 나보다 먼저 와 있던 아이가 나더러 운수가 좋았대요. 왜냐고 물었더니 팔려간 애들은 당장 머리를 잘려 피를 빨린대요. 아이한테 그 말을 듣고 나니 어찌나 무서운지 꼼짝을 할 수가 없었어요. 사람이란 것들은 자기네 몸을 보하기 위해서라면 우리 목숨을 아무렇지도 않게 생각하나봐."

"그렇단다. 그 뿐인 줄 아니? 남의 물건을 곧잘 훔치기도 하고, 수가 틀리면 자기들끼리 서로 치고받고 하다가 죽이기도 한대. 그러기 때문에 도마 위에서 제발 살려달라고 슬피 애원하는 우리 목소리를 그들은 들을 줄도 모르나 보더라."

이런 말을 주고받는 엄마와 아기 자라의 눈망울에는 안개 같은 슬픔이 서려 있었다.

"그런데 엄마!"

아기 자라는 엄마의 손목을 덥석 잡으면서 한걸음 다가앉았다.

"엄마 바로 오늘 아침이었어요. 이상한 옷차림을 한 사람이 우리 앞에 나타난 것이. 하도 신기해서 다른 애들과 같이 머리를 들고 바라보지 않았겠어요? 우리를 파는 어물장수의 말을 들으니 그 사람은 산에서 공부하는 스님이라더군요. 그 곁에는 양동이를 든 아줌마가 한 분 있었는데 부처님의 가르침이 좋아서 못 견디겠다는 보살님이래요. 우리를 보더니 시끄럽게 흥정도 하지 않고 달라는 대로 값을 치른 뒤 가지고 온 양동이에 우리들을 옮기더라고요. 그리고 우리 곁에 있던 미루나무골 미꾸라지들을 우리 수보다 훨씬 많이 사서 같은 그릇에 넣어 주었어요. 이제는 나도 죽게 되는구나 싶으니 앞이 캄캄해졌어요. 그런데 엄마 저 우물집 심술꾸러기 있지 않아요? 그가 뱃심도 좋게 거기가 어디라고 미꾸라지를 한 마리 물어버렸어요. 그걸 보더니 스님은 '허 방생하려다가 살생하겠군' 하고는 우리들을 양동이에서 건져 종이봉투 속에 넣어 버리더라구요. 우리는 이때 '방생'이라는 말에 귀가 번쩍 뜨여 답답한 줄도 모르고 이게 꿈이 아닌가 싶었어요. 언젠가 엄마가 해준 옛날이야기에서, 부처님 법에는 산목숨을 죽이지 않는다는 말뿐만 아니라 죽게 된 것을 놓아준다는 말을 들었기 때문에요. 그래서 저분들이 그 부처님의 법을 믿고 행하는 분들인가 보다 하고 우리는 그이들을 따라 한남동이라는 한강 가에 이르렀어요. 엄마, 강물을 보니 눈물이 핑 돌았어. 마치 엄마의 정다운 얼굴이라도 본 것처럼요."

엄마 자라도 눈을 껌뻑거렸다.

"아가, 그래서 어떻게 됐니?"

"그런데 그대로 놓아줄 줄로만 알았더니, 이런 말을 들려주지 않겠어요? 우리 가슴에 와 닿도록 나직한 음성으로…."

"나직한 음성이라니?"

"엄마 잘 들어. 들은 대로 일러드릴게. 그분들은 가지고 온 향을 사르면서 이렇게 말했어. '어린 중생들아, 이제 놓여 난 뒤에는 다시 악마에게 먹히거나 그물에 걸리지 말고 마음 놓고 오래오래 자유롭게 살다가 목숨이 다한 뒤에는 삼보의 힘과 보승여래의 자비한 원력에 힘입어 저 도리천에 나거나 인간계에 나기도 하면서 계율을 지키고 행을 닦아 나쁜 짓을 하지 말고 지극한 마음으로 염불하여 소원대로 좋은 세상에 태어나거라…' 이 말을 듣고 우린 다 울었어요. 저 우물집 심술꾸러기까지도 흑흑 흐느껴 울었어요. 이밖에도 좋은 말을 많이 들려주었는데…"

"아이 고마우신 분들!"

엄마 자라는 손을 모으고 먼 하늘가를 바라보았다. 아기 자라는 이런 말을 덧붙였다.

"그분들은 〈식물성왕국〉의 주민이래요. 오늘은 그 보살님 집 아이의 생일날이라나요. 그래서 이날을 보람 있게 맞이하라고 우리들을 사서 놓아 주었대요. 이런 일은 가끔 있는데, 그 식물성왕국의 연둣빛 미소라데요…"

"이 은혜를 어떻게 갚을까? 세세생생을 두고 갚아도 이 은혜만은 다 갚지 못할 것 같구나."

"그럼요. 생명의 은인들인 걸요. 그대로 급히 돌아오다가 생각하니 하도 기뻐서 고맙다는 인사도 못 드리고 또 그분들의 맑은 눈매를 한 번 더 보고 싶어 물위에 떠올라 고개를 들었더니, 손을 흔들며 '잘 가라 꼬마야!' 하고 환한 웃음들을 보내주었어요."

"아가!"

"엄마!"

아기 자라와 엄마 자라는 꼬옥 안은 채 더 말을 잊지 못했다.

• 후기

비록 겉모양은 물고기나 짐승들이 우리들과 서로 다르지만, 모든 생물의 근원인 그 생명에 있어서는 조금도 다를 수가 없다. 아기 자라와 어미 자라의 눈물겨운 정리情離가 우리의 그

것과 무엇이 다르랴! 그런데도 우리는 나를 살찌게 하기 위해서 단 하나뿐인 남의 소중한 목숨을 빼앗고 있으니, 이러고도 만물 가운데 영장이라고 할 수 있을까?

우리들의 식탁이 기름질 때, 그것은 곧 도마 위에서 원통하게 죽은 고기들에 의해서 된 것임을 안다면, 부모와 형제 자녀 그리고 이웃을 가진 사람으로서 어떻게 감히 목에 넘길 수 있겠는가!

○ 1964년 7월 19일

어떤 도둑

옛날 한 마을에 예쁜 소녀가 살고 있었다. 얼굴뿐만 아니라 마음씨도 고와서 이웃 마을에까지 소녀에 대한 칭찬이 자자했다. 심술꾸러기 아이들은 걸핏하면 소녀의 본을 받으라고 엄마한테 꾸중 들었을 것은 어느 고장에서나 있을 법한 일.

어느 날 밤. 이 마을에 산적 떼가 들어와 마을 집들을 죄다 털려고 하였다. 도둑들은 맨 먼저 이 소녀네 집에 몰려들었다. 도둑의 우두머리는 그때 마침 목이 말랐으므로 거친 소리로 소녀에게 고함을 쳤다.

"야, 이 계집애야, 물 좀 떠와!"

소녀는 방긋이 웃으면서 "잠깐만 기다리세요." 이렇게 공손히 대답했다.

소녀는 바삐 등잔에 불을 켜고, 물을 컵에 따르면서 말끄러미 컵 안에 든 물을 보고 있었다. 도둑은 씨근거리면서도 또 고함을 쳤다.

"무얼 꾸물거리고 있어!"

"물을 보고 있어요."

한결같이 공손한 소리다.

"물을 봐선 무엇하게?"

도둑은 퉁명스럽게 내뱉었다. 그러자 소녀는 "이 물속에 먼지나 벌레 같은 것이 들어서는 안되기 때문에요."라고 조용히 말했다. 도둑의 우두머리는 움찔 놀라면서 한결 가라앉은 소리로 "애, 우리들은 산적이다. 너희 마을을 털려고 온 산적이란 말이야. 그런 것에 어째서 마음을 쓰지?"

소녀는 여전히 침착한 음성으로 대답했다.

"당신들은 남의 재산을 터는 것쯤은 아무렇지도 않게 생각하겠지요. 피땀 흘려 모아 놓은 귀중한 재산을 말예요. 저도 아무렇게나 물을 떠 주어버리면 그만이지만, 그 물이 맑지 못하다면 그건 제 도리가 아니에요. 주인으로서 손님을 허술하게 대접할 수가 있겠어요?"

물에 티가 없는 것을 확인한 뒤, 소녀는 산적의 괴수에게 그 물을 공손히 올렸다. 산적은 물을 받고 말할 수 없는 고마움을 느꼈다. 지금까지 굳게 닫힌 마음의 창문이 스르르 열리는 것 같았다.

"너는 정말 착한 아이로구나. 고향에 있는 우리 누이동생처럼 귀엽기도 하구나. 아무쪼록 언제까지고 그 고운 마음씨를 버리지 말아다오."

소녀는 조용히 웃으면서 대답했다.

"그러겠어요."

그러면서 말을 이었다.

"방금 당신은 저를 누이처럼 귀엽다고 하셨습니다. 그렇다면 한 말씀 드리겠는데요, 이렇게 다니면서 남의 물건을 빼앗는 동안에 어쩌면 붙들려 맞아 죽을는지도 몰라요. 우리 오빠가 그러한 죽음을 당했다고 한다면, 나는 얼마나 슬프겠어요? 만일 당신이 저를 누이처럼 생각해주신다면, 제발 저를 슬프게 하지 말아 주세요."

산적의 괴수와 그의 무리들은 잠자코 소녀의 얼굴을 바라보았다. 그들은 마음속에 깊은 감동을 받고, 한참을 멍하니 서 있다가 조용히 집을 떠나갔다. 그날 밤 이 마을에서 산적에게 털린 집은 물론 한 집도 없었다. 그리고 그 뒤부터 무서운 산적의 자취도 그 근처에서 영영 사라지고 말았다.

• 후기

사나운 도둑의 마음도 한 소녀의 부드러움 앞에서는 머리를 숙였다. 본래 도둑의 마음이 따로 있는 것은 아니다. 한 생각이 비뚤어진 데서 굴러 떨어지게 된 것이다. 사나운 마음을 사나움으로는 다스리기 어렵다. 그것은 부드러움으로 포근히 어루만질 때 비로소 본 모양으로 돌아가는가 보다. 모진 비바람

에도 움쩍 않던 소나무가 부드럽고 하얀 눈에 쌓여 꺾여지는

것을 겨울 산에서는 흔히 볼 수 있듯이.

— 『비나야잡사毘奈耶雑事』에서

○　1964년 8월 1일

땅거미薄暮

'옛날'이라고 미리 입가심을 하지 않아도 좋으리라.

'예쁘다!' 이렇게 한 말로 때우기에는 어여쁜 공주公主가 있었다. 으레 옛 이야기의 허두가 그렇듯이-. 그 아름다움을 꽃이나 달에 견주던 시절이 있었지만 그와 같은 꽃이나 달도 이 세상에는 일찍이 없었노라고 해야 할 것이다. 그러니까 설사 '미스유니버스'네 어쩌고 하는 수선스런 모임이었다 하더라도 공주는 그런 데에 반눈도 팔지 않았으리라.

그건 그렇고. 깊숙한 산골에 살고 있는 심술이 고약한 악마는 어떻게 했으면 이 예쁜 아가씨를 덮치나 하고 제법 고민 비슷한 것을 하고 있었다. 그러던 어느 날, 악마는 왕궁의 지붕 위에 올라가 뜰 안을 기웃거리다가, 때마침 꽃그늘 아래서 시종들과 즐겁게 놀고 있는 공주를 보았다. 그러나 함께 있는 사람들이 너무 많아 좀처럼 손을 뻗칠 수가 없었다.

"낮 동안은 안되겠는걸 어두워지면 덮쳐야지."

악마는 지붕 위에 쭈그리고 앉은 채 밤이 되기를 기다리기로
했다. 마침내 해가 기울자 산그늘이 번지고 있었다. 아직도 뜰에
서 놀이에 열중하고 있는 공주에게, 나이 든 한 시중이 다가서
면서 아뢰었다.

"공주님, 이젠 해가 져버렸어요. 땅거미薄暮가 지면 어떤 것이
나타날지 몰라요. 그만 놀이를 그치고 돌아가세요. 정말 땅거미
처럼 무서운 것은 없거든요."

이때 이 소리를 들은 것은 지붕 위에 있는 악마였다.

"뭐? '땅거미'란 놈이 온다고? 땅거미만큼 무서운 것은 없다
고? 도대체 그 녀석은 어떻게 생긴 놈일까? 아마 나보다 힘이 센
놈이겠지. 이렇게 어름어름하고 있을 때가 아니군. 하지만 '땅거
미'가 어떻게 생긴 놈인지 한 번 보고 싶은 걸…. 그렇지, 저기
마구간이 있군. 어디 한 번 말로 변신變身해서 엿보아야지."

이렇게 생각한 악마는 곧 마구간으로 갔다. 키가 크고 살이
찐 한 필의 말로 둔갑하여 다른 말에 섞이어 밤이 진하게 내리
기를 기다리고 있었다.

그런데 가던 날이 장날이란 말은 이런 때를 두고 한 모양이었
다. 그때 마침 거기에 온 것은 한 사람의 말 도둑이었다. 말 도둑
은 그중에서 가장 크고 투실투실 살이 찐 말을 더듬어서 골라
내었다. 물론 그 말은 조금 전에 악마가 둔갑한 말이라는 것을
그가 알 턱이 없었다.

말 도둑은 더 지체할 것도 없다는 듯이 펄쩍 말 잔등에 뛰어 올랐다. 이때 깜짝 놀란 것은 악마였다. 캄캄한 어둠 속에서 무엇인가 털썩 잔등에 달라붙었기 때문에 놀랐을 것은 물론이다.

"바로 이놈이 땅거미란 놈이군! 내 목숨을 앗으려고 달라붙었구나!"

악마는 순식간에 뛰어 달아났다. 말 도둑 편에서는 말이 너무 사정없이 내닫기 때문에, 이거 큰일인데 하고, 고삐를 잔뜩 조이고는 말 잔등에 찰싹 달라붙어 떨어지지 않도록 했다. 이럴수록 악마는 넋을 잃고 뛰었다. '걸음아 나 살려라'를 외쳐볼 겨를도 없이, 그야말로 혼백魂魄이 흩어질 지경이었다. 악마는 자기가 살고 있는 산골짝을 향해 내닫고 있었다.

얼마 안되어 숲에 이르렀다. 이 숲속에서는 한곳에 깊은 구렁이 있는데, 악마는 선뜻 그곳을 생각하였다. 그래서 잔등에 달라붙은 땅거미란 놈을 그 구렁 속에 떨쳐버리는 데에 성공하였다. 그 구렁 곁에 있는 나뭇가지 위에는 한 마리의 원숭이가 앉아 있었다. 한 밤에 흐르는 별이라도 바라봄인지 원숭이는 숨이 차 씨근거리는 소리를 듣고 놀라서 악마에게 물었다.

"왜 이러시오 형씨? 어째서 그리 헐떡거리지? 무슨 일이라도 있었나?"

"형씨고 나발이고 말 마라. 지금 막 땅거미란 놈한테 붙들려, 임마 까딱했더라면 죽을 뻔 했어. 그래도 운수가 좋아 저기 구렁 속에 떨쳐버렸다마는…."

이 말을 듣고 원숭이는 배꼽을 쥐고 키득키득 웃어댔다.

"뭐, 땅거미라고? 이 세상에 그런 것이 어디 있어? 하하하…
나 원 참. 내가 보기엔 지금 네가 떨쳐버린 것은 사람 같더라."

"임마, 땅거미가 틀림없어! 아니 네가 아니라고 할 만한 무슨
증거라도 있니?"

"원숭이는 머리를 갸웃거리면서 별로 증거라 할 것은 없지만
얼핏 보니 사람 같던데…."

"아니, 너의 손자뻘 된다는 그 사람 말이지?"

"손자뻘은 무슨. 그 애들과는 씨가 달라. 종자가 다르단 말이
야. '다윈'인가 하는 그놈의 털보 영감탱이가 독버섯을 잘못 먹
고 짓거린 헛소리를 가지고 이러쿵저러쿵 해쌌지 뭐. 심지어 어
떤 놈은 우리더러 '썩 꺼져버려, 너희들은 우리 인간의 원수다!'
하고 눈을 부라리기까지 하더라만. 어쨌든 내가 한 번 알아 봐
야지."

원숭이는 어깨를 한 번 으쓱 재고 나서 뽀르르 나무에서 내
려왔다. 구렁 속을 기웃거려 보았으나 깜깜해서 아무것도 보이
지 않았다. 그래서 원숭이는 긴 꼬리를 구렁 속에 드리우고 이리
저리 내저어 보았다. 말 도둑은 정신을 차리고 나서, 나갈 길을
궁리하고 있었을 것은 더 말할 것도 없다. 무엇인가 기다린 것이
어른어른 움직이는 것이 아닌가.

"옳지. 누군가가 밧줄을 내려주고 있구나."

이렇게 생각하고 다짜고짜 덥석 그 밧줄에 매달렸다. 물론 그

것은 원숭이의 꼬리였는데. 원숭이는 이크! 놀라고 무어고 할 새 없이 붙잡힌 것을 떨쳐버리려고 갖은 애를 다 썼다. 그러나 말 도둑은 말 도둑대로 구렁에서 벗어나야겠다는 이 한 생각뿐이라서 놓지 않으려고 그도 또한 갖은 힘을 다 기울였다. 원숭이는 얼굴이 빨개져가지고 있는 힘을 다해 바둥거렸다. 말하자면 젖 먹던 시절의 것까지 온통 힘을 썼기 때문에, 그만 꼬리가 몽땅 잘려지고 말았다.

"아얏!"

원숭이는 소리를 치면서 정신없이 나뭇가지로 뛰어 올랐다. 악마는 이때, "저놈이 땅거미임에 틀림없다. 무섭다는 그 땅거미가 아니고야 영리한 원숭이 놈을 저렇게 형편없이 만들겠는가?" 하고는 두 주먹을 불끈 쥐고 산골짝 깊이 도망치고 말았다. 원숭이의 얼굴과 밑이 빨갛게 된 것은 이때부터라고.

막망상莫妄想! 막망상莫妄想!

— 『본생담本生譚』에서

○ 1964년 9월 13일

구도자

　어제부터 내리는 눈은 쉬이 멎을 것 같지가 않았다. 허공에
는 마냥 부옇게 묻어오는 잿빛뿐이었다. 한 젊은 사나이가 눈길
을 걷고 있다. 푹푹 빠지는 길을 피곤한 줄도 모르고 묵묵히 걸
어가고 있다. 굳게 닫은 입, 무뚝뚝한 코, 불꽃이 튀기는 듯한 눈
의 정기. 눈에 묻힌 깊은 산골의 해는 점심만 먹고 나면 그만 흐
미하게 졸기 시작한다. 그는 아까부터 눈길을 걸으면서 줄곧 깊
은 생각에 잠겨 있었다.

　지금까지 읽어온 그 많은 책들! 인간의 성장사成長史에 끼친
그 고전古典이란 것들을 찾아 얼마나 많이 헤매었던가! 마치 알
피니스트들이 늘 새로운 산정山頂을 찾아 정복하듯이. 그리고 지
혜롭다는 인격들을 찾아 만나본 수는 또 얼마이던가. 그러나 무
수한 그 서적과 인사들도 그가 목마르게 갈망하고 있는 바는
끝내 채워 주지 못했다. 그가 그렇게도 줄기차게 찾아 헤맨 것은

머리로 받아들이는 공허한 회색 이론이 아니었다.

생명이 통곡할 수 있는 목소리가 가슴을 치는 싱싱한 그 목소리가 진정으로 그리웠던 것이다. 도량이 넓고 큰 그였지만, 날이 갈수록 마음은 초조하고 불안하기만 했다. 먹는 것도 자는 것도 거를 때가 많았다. 몸도 야위고 마음도 야위어 갔다. 그가 지금 눈에 묻혀 분간도 할 수 없는 산골짝 길을 걸어나는 것은, 바위 끝 낡은 암자에서 아홉 해 동안을 줄곧 벽만 바라보고 앉아 있다는 한 노승老僧을 찾아보기 위해서였다.

노승은 이 깊은 산속 암자에 들어온 뒤 십년이 가까워지도록 바깥출입이란 전혀 없다는 것이다. 칡뿌리와 솔잎을 말려놓은 것을 보았다는 나무꾼은 있다지만 무얼 먹고 사는지 알 길이 없었다. 누덕누덕 기운 옷에 훌렁 벗어진 이마, 수염은 언제 깎고 말았는지 덥수룩했다. 더러는 법을 물으러 간 젊은 승려들이 있어 아무리 간청을 하여도 단 한마디도 입을 열지 않는다는 것이다.

노승이 십년을 하루같이 이런 벽을 바라보며 화석처럼 말없이 앉아 있는 것은 새삼스레 참선을 위해서도 아니었다. 그렇다고 세상이 싫어서 숨어 살기 위한 것은 더욱 아니었다. 어쩌면 그것은 여생이 머지않은 그가 법을 들려줄 제자를 간절히 기다리는 엄숙하고 처절한 자세인지도 모른다.

젊은 사나이는 불타는 구도의 일념으로 죽기를 무릅쓰고 그 험한 눈길을 헤치며 쉬지 않고 걸었다. 마침내 그는 해가 설핏할 무렵 하여 괴괴한 암자에 다달았다. 다 허물어져 가는 낡은 집 추녀 아래에서 젖은 옷을 털고 몇 차례 밭은기침을 해보았다. 아무 반응도 없었다. 때 아닌 인기척에 날짐승만 놀라 푸드득 날았다. 다시 고요해졌다. 빈집 같았다. 문을 잡아 당겼다. 안으로 걸려 있었다. 분명히 문 밖에는 투박한 짚신이 한 켤레 벗어져 있는데도 노승이 만나주지 않아, 사내는 어쩔 수 없이 문밖에 선 채, 밤을 드새더라도 물러가지 않겠다고 속으로 다짐했다.

옛사람들은 도를 구해 목숨도 오히려 기꺼이 버렸다는데, 이런 것쯤은 아무것도 아니라고!

찬 눈을 맞으면서 한밤을 드새었다. 눈은 쌓여 허벅다리까지 묻혔다. 다음날 아침에야 비로소 문이 열렸다. 검은 얼굴에 덥수룩한 수염이 내다보았다.

"허, 네가 오랫동안 눈 속에 서 있었구나. 대체 무엇을 구하느냐?"

나직하지만 힘 있는 목소리다. 젊은이는 왈칵 흐느껴 울면서 부르짖었다.

"스님! 원컨대 자비의 문을 열어 널리 중생을 건지시옵소서."

"모든 부처님께서는 무상묘도無上妙道를 무량겁을 두고 닦아서, 행하기 어려운 것을 능히 행하고 견디기 어려운 것을 능히 견디었느니라 네 조그마한 덕과 지혜, 그 교만한 마음으로 어떻게 참된 법을 얻겠다고 하느냐? 부질없이 수고로울 뿐이니라."

사내는 서릿발 같은 노승의 이 말을 간절한 격려의 말로 들었다. 목숨을 버려서라도 노승에게서 도를 배워야겠다고 비상한 결심을 했다. 허리에 차고 있던 칼을 뽑았다. 선뜻 자기의 왼쪽 팔을 쳤다. 하얀 눈 위에 빨간 피가 번졌다. 동강 끊어진 팔을 노승 앞에 바쳤다. 노승은 퉁방울 같은 눈으로 젊은 사내를 쏘아보았다. 속으로는 '이제야 사람 하나를 만났구나' 싶었다. 십년의 그 오랜 기다림이 결코 헛되지 않았다.

"으음… 모든 부처님이 처음 도를 구할 때에 법을 위해 형상을 잊었느니라. 네가 이제 내 앞에서 팔뚝을 끊었구나. 이만 가까이 오너라."

노승의 말소리는 한결 부드러워졌다. 젊은이는 한걸음 다가서면서 열띤 소리로 간청했다.

"스님, 제게 부처님의 법인法印을 들려주옵소서."

"부처님의 법인은 남한테서 얻을 수 있는 것이 아니니라."

노승의 목소리는 다시 차갑도록 엄숙했다. 진리는 누구한테서 얻어들어 아는 그런 것이 아니라, 스스로 찾아내야 한다는 말이었다. 이 말을 듣고 젊은이는 머리를 숙인 채 괴로움에 안절부절 어찌할 바를 몰랐다. 이렇게 한동안 묵묵히 있던 그는 애원하듯 매달렸다.

"스님, 지금 제 마음이 몹시 불안합니다. 제발 저를 안심시켜 주십시오."

"그래? 어디 그럼 그 마음을 내게로 가지고 오너라. 그러면 너를 안심하게 해 주마."

젊은이는 앞이 콱 막혔다. 깜깜한 절벽이었다. 어디선가 먼 바다에서 밀물소리가 들려오고 있었다. 천길 낭떠러지 앞에 아얌아얌 서 있었다. 솔바람 소리가 귓전을 스쳤다. 그는 더 견딜 수가 없었다. 울먹이는 소리로 부르짖었다.

"스님, 마음을 아무리 찾아보아도 찾을 수가 없습니다."

노승의 얼굴에는 비로소 환한 미소가 피어났다. 결결한 음성으로 이같이 말했다.

"내가 너를 위해서 이제야 마음을 놓겠노라."

푸드득 멥새가 날자 가지 위에 쌓인 눈이 달빛처럼 내렸다. 그새 눈은 멎어 있었다. 잿빛 하늘이 열린 틈으로 아침 햇살이 눈부시게 쏟아지고 있었다.

• 후기

그렇습니다. 이것은 중국 선종의 제2조인 혜가가 초조인 달마를 찾아가 설중단비雪中斷臂로써 구도한 이야기입니다. 지금까지 전해온 기록과는 얼마쯤 다른 점이 있을 줄 압니다. 그것은 하늘도 저렇게 높아버린 계절이고 해서 상상의 나래를 가볍게 펼쳐본 것에 지나지 않습니다.

○ 1964년 10월 4일

논리를

펴다

64년도 역경, 그 주변

현황

새해 역경譯經에 대한 전망을 말하기 전에 먼저 지금까지 진행되어온 그 상황을 살펴보아야겠다. 종단에서 걸핏하면 무슨 진언이나 외우듯이 '삼대사업三大事業'을 들먹거려 왔다. 그리고 지금도 곧잘 들먹이고 있다. 삼대사업이란 우리들 귀에 너무나 익숙해버린 도제양성徒弟養成·역경譯經·포교布敎가 그것이다.

불교가 우리나라에 들어온 지는 천오백년이 넘는 것으로 알고 있다. 한국불교가 오랜 세월을 두고도 오늘처럼 더할 수 없이 납작하게 깔려버린 그 중요한 원인의 하나가 '전달수단의 난관'에 있었다는 것도 이제는 누구에게나 빛이 바랜 상식이다. 한자漢字라는 그 숙명적인 난관! 그 난관을 무너뜨리기 위한 작업이 경전을 누구나 알 수 있는 의젓한 우리말로 옮겨놓는 역경사업

譯經事業이라는 것이다.

그렇다면 이렇게 요긴한 일이 지금까지는 어떻게 다루어져 왔던가? 먼 과거는 그만두고라도 근년의 예를 들어보자. 연전年前에 간행된 『불교사전』만 하더라도 한 사람의 시주가 낙시樂施한 정재淨財에 의해서 이루어졌고, 또 지난해 전국민의 환시리環視裡에 출판된 『우리말 팔만대장경八萬大藏經』도 일개 출판사의 대담한 기획에 의해서 나오게 되었다는 사실이다.

한국에서 처음 있는 일들인데 종단에서 어떤 지원사격 비슷한 거라도 없었느냐고? 천만에 말씀! 동냥은 못주어도 바가지나 깨뜨리지 안했더라면…. 비구·대처의 '싸움'에 물物과 심心을 총 경주시키느라고 그런 데에 기울일 관심 부스러기조차 없었다.

전국 방방곡곡의 절간에서는 소송에 이기기 위해서 사직司直에 뿌릴 예산은 마련되었지만, 부처님의 교법을 쉬운 말로 소개하는 데에 쓰일 예산은 전혀 관심 밖의 일이었다. 하여, 역경을 비롯한 삼대사업은 명실공히 줄곧 부도만 나버린 것이다.

그렇지만, 그 질서 한 틈바구니에서도 꺾이지 않고 묵묵히 할 일을 해온 몇몇의 성좌星座를 우리는 이 자리에서 기억해 볼만도 하다. 우리 종단 안에서 유일한 출판사인 법보원法寶院을 두고 고령임에도 역경의 일손을 쉬지 않는 운허耘虛 스님과 그 출판의 재정을 뒷받침하고 있는 선학원禪學院의 석주昔珠 스님을 우선 첫손에 꼽지 않을 수 없다.

또 이름조차 밝히기를 사양하는 몇몇 고마운 시주施主들, 그리고 우리말 팔만대장경을 비롯해서 구매력이 낮은 불교서적들을 출판하고 있는 법통사法通社, 이 밖에도 경향京鄕을 통해서 몇 분의 별들을 우리는 알고 있다.

그리고 근래에 와서 믿음직한 추세의 하나는 신도들의 회갑이나 사십구재 같은 때를 기해서 종래처럼 먹어치우는 '잔치'에 떨어지지 않고 경전을 번역·출판하는 법보시를 하는 데로 기울고 있다는 것이다. 물론 여기에는 몇몇 스님에 의한 감화의 저류低流가 흐르고 있다는 사실도 주목할 만한 일이다. 이러한 법보시로서 선학원에서 간행된 작년도의 책만 하더라도 『승만경』, 『금광명경』, 『육조단경』, 『능엄경』 등이 있었다.

반성

그런데 이와 같은 사업이 일정한 계획 아래서 이루어진 것이 아니고 출판의 비용을 담당하고 있는 시주들의 요구에 따라 간행된 것이므로 출판 형태나 배본 상태가 고르지 못한 점이 있다. 이를테면 시력이 약한 시주들의 경우라면 될 수 있는 대로 2호나 4호쯤 되는 커다란 활자活字로만 만들기를 바란다. 심지어는 번역된 문장까지도 한말韓末 식인 것을 고집하는 이가 있는데 이런 점은 보편적인 독자와 보다 넓은 유통을 위해서 마땅히 양보해야 할 줄로 안다.

더구나 보시라면 주는 쪽보다도 받는 쪽의 식성에 맞도록 해야 할 것이고, 또 상相이 없는 보시야말로 참된 보시일 것이니까. 그리고 책 뒤에 즐기는 시주의 사진이나 이름자도 밝히지 않는 겸손이 차라리 보시다운 미덕이 아닐는지….

　그리고 또 한 가지는 일단 번역 출판된 경전은 우리네 경제사정이 풀릴 때까지는 거듭 번역해 내기를 보류해 두자는 것이다. 그 한 예로『금강경』은 지금까지 번역 출판된 것이 열 가지도 넘는데 그전에 나온 번역에 커다란 결함이 없는 한 그럴 필요가 어디에 있을까?

　그러기보다는 이제껏 소개된 일이 없고 또 현재의 우리들에게 보다 요긴한 제재題材부터 선택하는 편이 보람 있는 사업일 것 같다. 이러한 결함缺陷, 모처럼의 불사에 유감스런 결함을 털어버리기 위해서 실속 있는 '역경譯經센터'(혹은 출판센터) 같은 기구가 마련되었으면 좋겠다.

　총무원 산하에 역경위원회라는 게 있다지만 이름만 있고 실속이 없다. 그러한 유령기관이 아닌 모임이 아쉽다는 말이다. 그러한 기관이 선다면 지금처럼 무계획하게 산발적으로 나오고 있는 출판물의 안정된 번역과 참신한 체재 등 일관성을 띠고 보람 있는 사업을 할 수 있을 것이다. 그리고 출판된 서적의 일부분은 반드시 시중에도 내보내서 널리 일반에게 보급시켜야 하지 않겠는가.

전망

다행스럽게 새해부터는 역경계譯經界에도 봄이 움틀 것 같은 기운이 돋고 있다. "겨울이 오면 봄 또한 머지 않으리."라는 셸리의 말은 거짓이 아닌 모양이다. 뒤늦은 감이 없지 않지만 총무원 측에서는 그 금액의 다소多少는 알 수 없으나 신년도부터 역경사업비로써 예산이 책정되리라는 소식이 산사에까지 번져 오고 있는 걸 보면 반가운 일이다.

그리고 동국대학교에 역경원을 설치하여 본격적인 역경사업을 연차적으로 수행하리라는 소식도 있다. 거기에다 운허스님이 작년도에 탈고한 바 있는 『화엄경』과 선학원에서 계획 중인 『열반경』 등 그 부피가 방대한 경전들이 금년 내에는 출판되리라고도 한다.

그리고 또 역경사업의 재원으로 수년 전부터 경영해 오는 울산 종현宗現 스님의 과수원과 지리산에 있는 지현知玄 스님의 농원들에서도 머지않아 그 원력을 행사하리라는 풍문이 있다. 이 모두가 기쁜 소식들이다.

제언

그런데 본격적인 역경에 앞서 선행해야 할 것과 병행해야 할 일들이 있다. 첫째, 술어術語의 통일문제이다. 지금까지 해 온 것을 보면 번역하는 이마다 자기 나름의 술어를 쓰고 있어 지극히 혼란스런 형편이다. 이러한 혼란을 막기 위한 방법의 하나로 지난해 봄 법보원法寶院에서는 총무원의 후원後授을 얻어 '범어梵語의 우리말 표기법'을 사정査正하기 위해 사계斯界의 권위자로 구성된 심의회를 열고 그 표기법을 정한 바 있다. 역경의 전초적인 사업으로 이 술어術語의 통일도 반드시 선행되어야 할 줄로 안다. 그러기 위해서는 역경위원들의 재구성과 그 모임이 활발하게 움직여야 할 것이다.

둘째, 순수한 경전의 번역도 중요한 일이지만 그에 곁들인 입문서의 소개도 요긴한 일이라고 생각된다. 불교를 알고저 하는 이들이 먼저 무슨 책을 읽었으면 좋겠느냐고 할 때 '이것을!' 하고 선뜻 소개할 만한 책이 우리 주변에는 거의 없으니 말이다.

셋째, 우리 선인先人들의 저서를 소개하는 일이다. 등잔 밑이 어둡다는 속담을 끌어 낼 것도 없이 남의 것은 잘 알려고 하면서도 제 것은 모르고 있는 것이 우리네의 비뚤어진 현실이다.

걸핏하면 신라불교를 들추기 일쑤지만 과연 신라불교의 주체인 그 시대의 인격들을 우리가 얼마만큼 바로 알고 있는가? 기껏 안다고 해야 가령 원효스님의 경우라면 당나라로 유학의 길을 가던 도중 해골바가지에 고인 물을 먹은 이야기 혹은 요석공주와 연애하던 일 등 단편적인 '사랑방 이야기' 정도로 그의 사상과 인격을 평가하려 드니 이것은 너무나 잘못된 학문 이전의 혼돈이 아닐 수 없다. 그의 주요한 저작이 단 한 권인들 우리말로 소개된 적이 있었던가?

이런 점에서 그 번역의 태도는 어쨌든 작년도에 출판된 『보조법어』와 연전年前에 간행되어 3판三版을 거듭하고 있는 『선가귀감禪家龜鑑』은 좋은 시도라고 하겠다.

넷째, 원전에서 번역할 수 있는 어학을 갖추어야겠다. 지금은 대개 한역본에서 번역을 하고 있는 셈인데 우리들이 잘 알다시피 그것은 결코 원전이 아니다. 어디까지나 한민족漢民族의 언어인 한자역어漢字譯語나 파리어巴里語로 되어 있기 때문에 (물론 그 중에는 원전이 없어진 것도 적지 않지만) 그러한 언어를 우리 몸소 배워서 중역重譯을 일삼는 불투명한 작업을 언제까지고 지속해서는 안될 것이다.

끝으로 이러한 일들을 간단間斷 없이 진행시키기 위해서는 역경을 할 수 있는 인재를 길러야 한다. 지금 일선에서 역경을 맡고 있는 극소수의 그분들이 가버린다면 그 뒤의 공백을 우리는 빈손으로 메울 수 있을 것인가?

이제까지는 핑계로 통했다. 제대로 손대지 못한 일이면 무엇이나 '종단정화 때문에'라는 야릇한 핑계로-. 그러나 그 야릇한 핑계도 이제는 시효가 지났다. 부디 올해부터는 삼대사업의 변질한 그 대의명분大義名分에도 이 이상 부도가 나지 않기를 이만치서 조용히 빌어야겠다. 망언다사妄言多謝.

○ 1964년 1월 1일

'제2경제'의 갈 길

– 불교적인 입장에서

현장의 소리

지난 15일 박 대통령의 연두기자회견을 계기로 '제2경제'라는 신어新語를 가지고 이러쿵저러쿵 화두가 되고 있다. 물론 정신적인 면을 '경제'라는 말로 표현한 데에는 무리가 없지도 않다. 그러나 조국 근대화라는 과정에 있어서 눈에 보이는 향외적向外的인 경제발전을 뒷받침하는 모든 부분의 과학화, 합리화, 협동화로서의 정신적인 자세와 철학적인 바탕을 의미한다는 그 의도에는 공감이 가는 바이다. 사람은 먹이를 소화시키는 위장만 가지고 있는 것이 아니고, 사유하고 판단하는 머리와 기뻐하고 슬퍼하는 심성도 동시에 지니고 있는 다양한 존재다. 우리들이 잘 산다는 것은 배만 불러서도 안되고 공복인 채 마음의 자유만을 누릴 수도 없는 것이다.

따라서 잘사는 데에는 향외적向外的인 경제발전도 필요하지만, 그것을 추진하고 수용하는 내면적인 세계의 질서가 공존해야 한다. 경제건설도 인간이 하는 일이므로 먼저 그 인간의 심성이 바로 서지 않으면 안되기 때문이다. 이러한 입장에서 볼 때 외부적인 경제보다는 오히려 내면세계의 질서가 선행되어야 하지 않을까도 생각된다. 어쨌든 이제까지 외부적인 데로만 일방통행하던 우리 경제가 내면적인 데에도 시선을 향하게 되어 있다는 것은 여간 다행할 일이 아니다. 그것은 또한 너무도 당연한 일이다. 명칭은 좀 어색할지라도 이번 박 대통령의 그와 같은 착상엔 우선 기대를 걸 만하다. 그것은 이 시대와 사회를 살고 있는 '현장의 소리'이기 때문이다.

포교정신

사람은 혼자서 태어나 홀로 죽어간다. 저마다 자기 그림자를 이끌고 생노병사하는 고독한 나그네들끼리 서로 의지해 사는 세계를 '사회'라고 한다. 서로 의지해 살아갈 때 비로소 우리는 '산다'고 할 수 있는 것이다. '남이야 어떻게 되든 나만 잘 살면 된다'는 생각은 적어도 우리들 인간헌장人間憲章에는 용납될 수 없는 사고방식이다. '남'이 없는 '나'는 없기 때문이다.

나와 남과의 관계는 베푸는 데에서 비롯된다. 불교적인 용어로는 그것을 보시라 한다. 비단 물질적인 베품만이 아니고 진리를 가르쳐 깨우쳐 주고, 불안과 공포를 없애어 마음을 편하게 해주는 일도 보시다.

　보시하는 사람은 '나' 개인에 대한 집착에서 벗어났기 때문에 항상 받을 대상이 문제인 것이다. 보시의 정신이 결여될 때 거기에는 비인간적인 탐욕과 인색과 나태가 서식하게 된다. 한 번 탐욕에 눈이 가리면 이利를 위해 타인과의 대립과 격돌이 따르기 마련이다. 이러한 연쇄반응으로 인간사회는 늘 개일 날이 없는 것이다.

　보시에는 다음 같은 공덕이 있다고 경전에서는 말하고 있다. 중생을 조복하게 되고 서로 대립을 해소시키고 자신이 지혜롭게 되고 남도 또한 지혜롭게 만든다는 것이다. 또 보시에는 주는 마음施者과 받는 마음受者과 주는 것施物이 청정해야 한다. 이 세 가지 가운데서 하나라도 불순한 것이 계제될 때 그것은 '청정한 보시'라고 할 수가 없다. 어떤 저의를 가지고 뇌물을 주고받는 것은 보시가 아니다. 어머니가 어린아이에게 하듯이 무심한 베품이 참된 보시인 것이다. 이웃에서는 헐벗고 굶주리는데 나 혼자서만 어떻게 마음 편히 배부를 수 있을 것인가.

　우리는 서로가 믿고 의지해 사는 인간가족이다. 적어도 같은 하늘을 이고 같은 언어와 풍속 안에서 살아가는 형제인 것이다.

놀고먹지 않기

일하지 않고서도 먹고 살 수 있는 세상이 있다면 그 사회구조는 어딘가 잘못된 데가 있을 것이다. 일하지 않는 사람을 먹이기 위해 어느 누군가가 그 대신 피땀을 흘리고 있는 것이다. 불합리한 원인은 불합리한 결과를 낳기 마련이다. 그것은 어느 때 어디서나 바뀔 수 없는 영원한 우주질서인 것이다.

그런데 요즘 우리 사회의 어떤 측면을 보면 불합리가 버젓한 상식으로 통하려 한다. 어떤 사람은 하루 종일 뼈가 휘도록 일해도 입에 풀칠하기가 급급한데 다른 사람들은 한가롭게 '골프'만 쳐도 기름지게 지낼 수 있는 이 모순! 이와 같은 악순환은 과연 어디에서 유래하는 것일까.

이러한 악순환이 근절되지 않는 한 돼지털이 사람의 머리카락 대신 상선商船을 타고 해외로 진출하게 될 수밖에 없는 것이다.

절대다수의 농업인구가 차지하고 있는 우리 민족에 있어서, 농어민의 생활과 도시인의 생활 차이가 갈수록 현격해지는 것은 무슨 까닭일까? '부익부빈익빈富益富貧益貧'이란 어디에서 온 말일까?

일일부작一日不作 일일불식一日不食, 하루 일하지 않으면 하루 먹지 말라는 것은 굳이 불교적인 경제윤리만은 아니다. 육체적이건 정신적이건 일하는 사람만이 먹고 살 수 있는 경제윤리는 다시 인간의 양심에서 근원되어야 할 것이다. 그리고 휴식은 일하는 사람들이 즐길 수 있는 생활의 여일餘日이어야 한다.

공동체 운명

우리는 같은 배를 타고 가는 승객들이다. 그 내릴 항구는 저마다 다를지라도 일단 같은 배를 탄 동승자들이다. 따라서 우리는 항시 고락과 생사의 운명을 같이하고 있다. 소수인 일부에서일지라도 어떤 질병을 앓게 되면 병균이 전체에 오염될 운명도 함께 하고 있다.

가령 같은 반실般室 안에서 같은 공기를 호흡하며 살아가는 내 이웃이 결핵에 걸렸다고 할 때 내 호흡기만은 언제까지 성하리라고 보증할 수는 없는 것이다.

인간이 다른 생물과 다르다는 것은 자기 분수를 아는 데에도 있다. 우리나라는 신생新生한 백성의 나라다. 사람의 연륜으로 치면 10대에나 해당될까? 한창 건강하게 자라야 할 10대들이 퇴폐적인 영역에 빠져 있다면 그 장래가 어떻게 될 것인가를 가정해 볼 때 그저 암담해질 뿐이다.

오늘 우리 주변을 한 번 살펴보자. 소비경제의 황혼기에 들뜬 외래적인 풍조가 우리들의 첫수에는 맞지도 않는데 무수정無修正 반입되어 얼마나 우리를 휘돌고 있는가. 인간의 혼을 침식하는 저속한 흥행물이며 저 유행가의 퇴폐적인 가사며… '10대 소년'들

앞에 바(BAR)나 카페가 무슨 이유로 버젓이 문을 열고 있는가.

그리고 보라. 밤의 도시를!

고급요정 앞에 줄지어 서 있는 '관'자의 거창한 위세는 무엇을 의미하는가. 타고 온 사람들은 그 안에서 무엇들을 하는가. 정치를 하는가, 경제를 하는가. 아니면 새로운 문화를 창조한단 말인가. 그들은 국토가 분단된 조국의 비극을 기억이나 하는가. 밤마다 그들이 뿌리는 한자리의 지불이 가난한 우리 백성들에게는 평생을 살아도 만져볼 수 없는 거액이라는 사실을 알기나 하는가. 이와 같은 낭비와 사치가 바로 '우리 길'을 가로 막고 있는 것이다. 그들이 주지육림酒池肉林에 빠져 있는 시각에 무장간첩들은 유유히 수도 서울에 들어온 것이다. 선량한 시민들에게 아직도 아물지 않은 저 6·25의 상처를 건드린 것이다. 이런 것이 잘 사는 것이라면 우리는 차라리 못사는 쪽에 서고 싶다.

우리는 지금 근대화라는 배를 타고 조심조심 항해 중에 있는 서투른 길손들이다. 지금이 어느 때인지 우리가 어디에 있는지 잠을 깰 때가 아닌가. 사치와 낭비는 결코 지금 우리의 것일 수 없다.

보살의 길

보살은 구도자를 의미한다. 그는 두 가지 일 때문에 자애적自愛的인 생활을 한다. 첫째는 모든 이웃을 버리지 않기 위해서이고, 둘째는 온갖 번뇌를 벗어나 자유롭기 위해서다. 보살은 '나'와 '내 것'만을 집착하는 이기적이고 독선적인 인간이 아니다. 때문에 부정과 비방, 사치와 낭비, 의타와 체념에 따르지 않고 근면과 절약, 신뢰와 협동정신에 산다. 그것은 곧 지혜와 자비의 길이다.

첫째 그는 항상 베풀어 줌으로써 인색한 이기주의적 모든 경향을 자기 내심內心에서 죽이고 탐욕을 부리지 않는다. 둘째, 빈말을 하지 않고 남을 헐뜯거나 모함하지 않으며, 다만 자비로운 마음에서 우러나는 '인간의 말'을 한다. 셋째, 사람이 그 본연의 참된 모습으로 되돌아가도록 누구에게나 이익을 준다. 넷째, 이웃과 더불어 기쁨과 슬픔을 나누며 함께 산다.

보살은 단 한사람이라도 잘못 사는 이웃이 있을 때 그는 혼자서 잘 살 수가 없다. '최대다수의 최대행복'은 또한 보살의 염원이다. 그리고 그의 존재는 항상 이웃과 맺어져 있다.

지난 가을 한 사람의 광부가 지하의 갱 속에 묻혔을 때 우리들은 모두 하나 같이 초조한 마음으로 그의 구출을 빌었다. 그것이 곧 보살의 마음이다. 인간에게는 누구나 그러한 온도가 있는 것이다. 그때 우리는 그 사람의 얼굴도 알 수 없었다. 그러나 지하의 그와 지상의 우리는 서로 눈에 보이지 않은 줄로 맺어져 있었다. 그 줄은 우리들 모든 인간에게 본래부터 맺어진 것이다.

보살의 길은 안으로 지혜를 닦는 일과 밖으로 자비의 활동에 있다. 그리고 그 길이 미분화된 데 의미가 있다. 즉 지혜와 자비의 터전 위에서만 경제적인 생활과 합리적인 사회가 영위될 수 있다고 말이다.

우리들이 지향해야 할 새로운 경제윤리도 물질적인 면과 정신적인 면의 '조화'에 있어야 한다.

그리고 그것이 둘이 아닌 하나로 귀일歸一되어야 하는 것이다. 그러므로 '제2경제'는 향외적向外的인 경제발전과 그를 뒷받침할 정신적 자세로 분화되기 이전에 일치되어야 할 것이다.

그리고 그것은, 우리가 이 시대에 직면한 역사의식과 새로운 사명감에서 근본적인 '행行'으로 자각되어야지, 행정력의 시선 앞에 겉돌기 쉬운 무슨 운동이란 명목 아래서는 그 본래의 생기를 잃게 된다는 사실도 기억해 두어야겠다.

○ 1968년 1월 28일

불교대학의 사명 1

– 동국대의 앞날은 곧 한국불교의 미래

"대학은 학문적 연구와 후학의 교육, 이 두 가지 기능을 동시에 완수해야 하는 기관이라고 생각합니다. 고도로 발달한 과학 기술에 의하여 모든 구조가 나날이 변모하여 가는 현대사회에 있어서 오늘의 대학은 사회를 지도해야 할 중요한 위치에 놓여 있습니다. 그러므로 오늘의 대학은 훌륭한 지도적 지성인을 양성해야할 뿐만 아니라 훌륭한 지도적 과학인, 지도적 산업인도 함께 양성해야 한다고 봅니다. 현대를 역행하는 대학은 현대에 존재할 이유를 상실한 화석적化石的 존재밖에 안 될 것입니다."

서序

이 글은 지난 5월 김동화金東華 동국대학교 총장이 그 취임사에서 밝힌 한 구절이다. 오늘날 대학의 사명과 그 기능을 집약해서 말한 것이라고 볼 수 있다.

그런데 과연 오늘 대학이 더 구체적으로 말해서 종립 동국대가 대학으로서 그 사명과 기능을 얼마만치 수행하고 있느냐 반문할 때 아직은 만족할 만한 것이 못 된다는 것이 거의 공통된 반응일 줄 안다. 물론 과감한 쇄신이라 할지라도 하루아침에 이루어질 수는 없다. 거기에는 슬기와 과단성이 요구되는 한편 인내력도 수반되어야 하기 때문이다.

취임한 지 어느덧 7개월이 되었고, 그동안 안팎으로 드러나지 않은 공적을 아는 사람은 알고 있다. 전임자들이 흐트러트려 놓은 일들을 정리해야 하고 동국대의 '체질'을 낱낱이 분석 평가하고 또 새로운 설계를 짜야하는 등의 일들이다.

그러나 이제는 어느 정도 일할 수 있는 여건이 갖추어졌다고 볼 수 있다. 이사진이 개편되어 그 기능이 가동되고 있고, 반년 남짓 세밀한 진단을 통해 병의 원인을 비롯한 건강상태도 충분히 포착됐을 줄 믿는다.

종립 동국대의 밝은 미래를 기대하고 있는 한 사람으로서 이런 때를 당하여 문외한의 우견愚見으로라도 거들어야 할 것 같아 이 글을 쓰게 된 것이다. 동국대의 미래는 곧 한국불교의 미래와 직결되어 있다. 종립 동국대의 기능이 제대로 발휘되지 않는다면 그 존재 의미도 있을 수 없는 것이다.

물론 대학 안에서도 극소수이긴 하지만 종립학교의 구조에 대해서 필자와 뜻을 같이하고 있는 교수들이 있다. 평소 우리들끼리 주고받은 대화를 이런 기회에 정리해야 할 것 같다. 따라서 표제表題에서 밝힌 바와 같이 우선 '불교대학'이 지닌 문제점에 그 범위를 한정키로 한다.

교육 목적

흔히들 말하기를, 대한민국의 대학들은 문교부의 눈치와 그 비위를 맞추기에 비틀거리고 있다고 한다. 이 말에 어떤 진실성이 들어 있다면 이 겨레의 장래를 위해서 통탄하지 않을 수 없다. '의자'의 주인이 바뀔 때마다 그 제도도 함께 조석으로 변하는 것을 우리들은 20여 년의 문교행정을 통해서 너무나 많이 보아왔다. 그것이 권모와 술수로 거래되고 있는 타락된 정치사회에서라면 모르지만 적어도 이 겨레의 백년대계를 정립해야 할 학문의 전당에서는 있을 수 없는 일이다. 학문의 세계에서 그와 같은 영향을 받게 된다면 그것은 교육이념 부재의 현상이라고밖에 할 수 없다. 이념이 없는 교육을 어찌 교육이라 할 수 있을 것인가!

한국불교 교단에서 불교정신을 바탕으로 인재양성을 목적하고 설립한 불교대학은 우선 건학이념에 입각하여 교육 목적이 분명하게 설명되어야 할 것이다. 교육 목적이 불투명하면 이를 바탕으로 파생될 학칙과 커리큘럼도 또렷할 수 없다.

첫째, 불타(원만한 인격)가 우리에게 무엇을 바라고 있는가를 일관성 있게 교수 전달해야 한다. 인격의 완성이 교육의 근본이념임을 상기할 때 더 말할 나위도 없다. 불타의 가르침이 무엇인가를 알기 위해 먼저 교리교육을 강화하여 불대생佛大生은 누구나 '불교개론' '불교특강' '포교학'을 전학년 필수과목으로 이수토록 해야 할 것이다. '불교개론' 대신 '종학宗學개론'이 어떤가 하는 의견도 있을 수 있지만 종파적인 불교로 그릇 인식하기 쉬우니 보편적인 불교개론이어야 할 것 같다.

둘째, 중생이 불타에게 무엇을 요구하고 있는가를 연구해야 한다. 따라서 교리를 액면대로만 전달하는 데 그치지 않고 포교학의 영역을 넓혀 우리가 당면한 현실문제로서 불교를 설명해야 할 것이다.

셋째, 불교대를 거친 사람이면 그가 승려이든 일반인이든 간에 불타의 뜻을 중생에게 전하고 부처님을 대신하여 중생의 요구를 들어주는 구도자(진리의 사도)가 되어야 할 것이다. 그러기 위해서는 강의실 안의 강의 외에 과외지도 기숙사 생활을 강화, 학교공부와 생활이 하나로 조화되도록 해야 한다.

왜냐하면 사상은 생활의 반영인 것이며 또 자신의 일상생활 속에 그 사상을 실현할 때만이 사상의 존재 의미가 있기 때문이다. 어떠한 이상이라 할지라도 실행이 없다면 공상에 지나지 않는다. 이상적인 교육은 지知와 행行의 일치에 있기 때문이다.

넷째, 날로 그 수요가 증대되고 있는 포교사·교법사·군승 등을 길러내야 한다. 포교사나 군승이 출가한 승려만의 전유물로 착각되어서는 안되겠다. 불타의 가르침을 알고 그걸 실행하는 사람이면 누구나 보불은報佛恩의 사명감을 가지고 수요에 응해야 될 것이다. 그러니까 타과-이를테면 문리대의 사학과나 국문학과 같은- 학생들에게도 희망에 따라 불대의 필수과목을 이수케 하여 가령 B학점 이상일 경우에는 군승에 응시자격을 준다든가 한다면 인재가 모자라 수급에 균형을 잃고 있는 아쉬움을 면할 수도 있을 것이다.

지금처럼 불교대 중에서도 불교과에 한해서만 특혜를 베풀어 교직과정을 허락하고 장학금을 주고 있는 것은 근시안적인 처사다. 인철과印哲科와 철학과哲學科도 똑같은 혜택을 받아야 한다. 이 두 학과를 문리대에 소속시키지 않고 굳이 불교대에 예속시킨 의미가 어디 있는지 알 수 없다. 불교대 내에서의 차별대우는 하루바삐 시정되지 않으면 안 된다.

이상에서 지적된 몇 가지로써 불교대학의 교육 목적(지도이념)을 삼음직하지 않은가 싶다.

커리큘럼

불교대의 교육과정은 불교학과, 인도철학과, 철학과 이 셋을 각기 특수성을 살리면서 서로서로 협동 보충함으로써 교육 목적을 보다 효과적으로 수행토록 했지만 이상의 삼과三科를 의식적으로 차별대우 한다면 교육 목적 자체를 부정하는 결과가 되고 만다. 이런 우를 더는 범하지 말아야 할 것이다.

첫째, 불교학과는 교리면을 중점적으로 연구 교수하고 한국불교의 특수성을 정리해야 할 것이다.

둘째, 인철과印哲科는 교리를 교조인 인도의 석가세존께 연결하는 면을 중점적으로 다루어야 할 것이다. 인철과를 가리켜 외도학과外道學科라고 비난한 교수가 불교대 안에 있었다니 실로 한심스런 일이다. 불교를 보다 올바르게 인식하기 위해서 인도 사상의 내용과 그 배경을 알아야 한다는 것은 적어도 현대 불교학의 상식이다.

셋째, 철학과는 불교를 동서고금의 일반 철학사상과 비교 연구 교수해야 한다. 철학과가 일반대학의 경우와는 달리 문리대에 속해 있지 않고 불교대에 예속된 데에 의미가 있다.

이상 삼과三科의 교리 내용은 중복과 비약이 없이 상호 관련성을 갖도록 해야 할 것이다.

넷째, 타 대학 타 학과 교수들이 불교적인 문제를 가지고 자기의 전공과 결부시키도록 권장하면서 동시에 불교교육에 참여케 한다. 이를테면 '불교와 경제' 같은 공동연구 시간을 넣어 타과 사람이 불교를 알고, 불교인이 타과를 이해할 수 있다면 일거양득의 효과를 얻을 수 있을 것이다.

동국대 안에 있는 타과의 교수나 학생이 불교에 대한 이해가 전혀 없다고 할 때 불교대의 존재의미 자체가 의심스럽다. 똑같은 경제학이나 법학을 연구 교수할지라도 타 대학에서는 찾아 볼 수 없는 동대로서의 특수성이 있어야 할 것이다.

○ 1968년 12월 1일

불교대학의 사명 2

교수 문제

현대의 메커니즘 풍조는 대학사회라고 해서 그 예외를 허용하지 않는다. 공자 소크라테스 시절의 '사혼師魂'은 지난날의 교육사에서나 찾아볼 수 있는 일이요, 오늘에 있어서는 '상혼商魂'이 그 대역을 충실하게 맡고 있는 것 같다. 그래서 '교육은 사람이다'고 한 말에는 실감이 안 나게 되었다.

그러기 때문에 교수는 인격인으로보다는 직능인으로서 그 소임을 이행하고 있는 것이다. 따라서 교수는 지식과 기술을 매개 전달하고 그 보수를 받으면 그만이다. 이와 같은 현상은 피교육자들로 하여금 스승을 한낱 고용인으로 착각하게끔 하는 경향을 초래했다. 만약 학교를 기업으로 악용하고 있는 학교운영자들이 있다면, 이런 비극은 그들의 검은 횡포에 연유한다고 할 수 있을 것이다.

교수를 지식을 전달하는 직능인으로서만이 아니라, 피교육자의 인격 형성을 위해 인간성의 공감과 존경을 끼쳐야할 인격임을 전제하고, 또한 학원 내 비정상적인 풍토가 하루바삐 불식되어야 한다는 염원 아래, 불대의 교수문제를 다루고자 한다.

① 인간교육을 맡고 있는 교육자를 음성적인 지면知面이나 끄나풀을 통해서가 아니고, 실력과 인격을 기준으로 발탁해야 한다. 그리고 치밀한 계획 아래 외류外留를 권장하여 세계수준의 교수로 육성, 불교대에 대한 희망과 사명감을 가지고 연구 교수하도록 해야 할 것이다.

② 방학기간 같은 때를 이용, 사원에 들어가 몸소 수련을 통해 이론과 행을 겸비할 수 있도록 하여 믿음의 차원을 높여야 한다. 따라서 적어도 불교대 교수만은 신념을 가지고 연구 교수해야 할 것이다. 본질적인 믿음이 결여된다면 자신 있게 교수할 수가 없기 때문이다.

③ 논문 본위로 강사를 계약 채용하여 역량 있는 신인의 진출을 활발히 해야겠다. 물론 인쇄된 논문이나 저자의 이름이 붙은 저서만으로 개인의 실력을 평가하기는 곤란하다. 정신력은 왕성하지만 저술에는 미약한 개성個性이 있기 때문이다. 그러나 특수한 예외를 놔두고는 논문으로써 그의 논리와 교직자로서의 역량은 잴 수가 있다. 기성교수라 할지라도 연구실적이나 교수로서의 감화력을 잃을 때에는 달리 배려해야 한다.

진리의 전당이 양로원이나 휴게실로 이용돼서는 안될 것이다. 교수의 실력이 없느니 성의가 없느니 할 것이 아니라 성의 없고 실력 없는 교수가 붙어 있을 수 없도록 새로운 전통이 형성되어야 한다.

④ 사직으로 인해서건 출장강의로 인해서건 휴강을 상습으로 하는 불성실한 교수가 있다면, 학교의 명예를 위해서도 또한 출혈적인 등록금을 생각해서라도 시간배당을 철회해야 한다. 학생들이 내는 등록금을 희사금쯤으로 알고 있어서는 안되겠기 때문이다.

⑤ 일인전공제一人專功制를 철저히 실시하여 전공 밖의 과목은 맡지 못하도록 할 것이다. 따라서 동일과목이 아니면 초과시간은 맡을 수 없어야 한다. 대학사회에서도 파벌의식이 진하게 작용하고 있는 것은 우리가 다 아는 바이지만 종립 불대에서만은 그러한 사이비가 횡행할 수 없도록 제도적으로 보장되어야겠다. 세속적인 파벌의식 때문에 유능한 후진들이 겉늙어가고 학교 자체가 멍들고 있는 것을 우리는 안타까워한다.

학생 문제

① 불대생은 가능하다면 전원 기숙사에 입사시켜 신행일치를 생활화시킬 것이다. 조석 예불을 비롯하여 일요법회, 방학 중의 수련, 비상시의 봉사를 통해서, '지식의 백화점' 밖에서 그것을

활용, 손과 발이 달린 신앙인을 만들어야 한다. 회색의 이론보다는 살아 있는 푸른 나무가 우리들 이웃에 아쉽기 때문이다.

② 기숙제도와 함께 부전공제를 실시하여 현실사회에 쓸모 있는 사람을 기를 것이다. 전공으로 인해서 '우물 안 개구리'의 시야밖에 갖출 수 없다면 인간 완성을 위한 대학교육의 이념과는 그 궤를 달리하게 된다.

영국의 전통적인 대학교육은 인간의 완성, 즉 교양을 근본이념으로 삼는 교육이었다. 그 교양은 물론 '유용한 교육'을 전제한 것이었다. '옥스포드'나 '캠브리지' 대학이 강의보다도 교수와 학생들의 접촉을 중요시하여 기숙사 제도를 실시한 이유도 여기 있었던 것이다.

③ 타과 졸업생의 불교대 학사편입과 함께 불교대 졸업생의 타과 학사편입을 권장했으면 한다. 다양한 지식에서 그만큼 여유가 있고 폭이 넓은 인재를 기를 수가 있기 때문이다. 따라서 그릇된 '선민의식選民意識'을 시정할 수 있고 이해의 분위기를 조성하게 될 것이다.

④ 카운슬링을 통해서 불교대 부적격자는 타과로 전출하도록 할 것이다. 꿈이 있는 자는 그 꿈을 키워주고 고뇌의 짐을 덜어줌으로써 보다 개성 있는 교육을 할 수 있는 것이다.

입학하기 쉽다는 이 조건 하나 때문에 자기 개성에 맞지도 않는 데서 마지못해 끌려간다면 우리는 그와 같은 현상을 올바른 교육으로 볼 수 없다.

결코 수단이 될 수 없는 개인의 품성이 마음껏 그 기능을 발휘할 수 있도록 장려해야 할 것이다.

졸업 후 대책

우리 종단이나 대학 주변에서는 곧잘 인재가 없다고 개탄은 하면서도 그 인재를 등용해서 쓸 줄은 모르고 있는 것 같다. 기껏 길러놓은 사람을 써주지 않을 때에는 기른 의미는 절반쯤 감소되고 만다. 교계나 학계에서처럼 '신진대사'가 절실히 요구되는 사회도 드문 실정이니까.

불교대를 졸업한 사람들의 진로는 학교와 종단이 공동으로 책임지고 열어주어야 한다. 그래야만 마음 놓고 공부하고 보답하게 될 것이다. 그 길은 적지 않다. 포교사, 교법사, 일반교사를 비롯해서 군승의 길도 있고 성적이 뛰어난 학생이면 대학원이나 해외유학의 길도 터 주어야 한다. 그리고 개인의 원에 따라 입산수도의 길로도 이끌어 주고. 어쨌든 불교대를 나온 사람은 거저 노는 일이 없도록 해야 하겠다.

○ 1968년 12월 8일

불교대학의 사명 3

불교교육연구원

손발이 없는 머리가 공허하다면, 머리 없는 손발은 맹목이다. 온전한 신체에는 손발과 함께 머리가 있듯이 한 사회가 건전하게 조화를 이루려면 제자리에 있을 것이 있어야 한다. 대학사회라고 예외일 수 없다.

불교대를 포함한 동국대가 종립대학으로서 그 구실을 알차게 수행하려면 동대 안에 불교교육연구원(가칭) 같은 기구가 새로 마련되어야 할 것 같다. 말하자면 건학이념을 효과적으로 구현하기 위해서 학교 안에 종단격인 그런 기구가 있어야 한다는 것이다.

현재 교무처는 문교부의 요구밖에 감당할 수 없는 실정이므로 종단의 요구를 수행할 수 있는 불교교무처격인 그런 '장場'이 꼭 필요하다. 여기에서는 다음과 같은 일들이 다루어져야 할 것 같다.

① 동국대의 모든 불교적 행사를 총 주관하여 기획·집행·검토한다.

② 전 교직원과 전 학생의 불교적 트레이닝 계획을 세우고 연차적으로 이를 집행한다.

③ 매월 1회 불교담당 교수들의 강의 성과에 대한 품평회를 개최한다.

④ 매월 1회 불교교육을 받고 난 학생들의 소감발표회를 개최한다.

⑤ 타학과 전공 교수에게 불교적인 문제를 제시하고 자료를 제공한다.

⑥ 불대 교수와 타전공 교수와의 공동연구 시간을 마련하고 주선한다.

⑦ 장학생과 기숙사 실태, 졸업 후 대책, 졸업 후 실태를 조사하여 당초 계획에 차질이 없도록 한다.

⑧ 카운슬링을 담당한다.

⑨ 법회, 수련, 봉사 등을 주관한다.

이상과 같은 일들은 종단의 적극적인 참여 없이는 이루어질 수 없다. 미션계 대학에서 교목부와 같은 소임을 하기 위해서는 총무원의 교무부와 학교가 혼연일체가 되어 공동의 사명감을 가지고 일에 임해야 할 것이다.

지금 있는 기획조정실을 본질적으로 개선한다면 결코 불가능한 일은 아닐 것 같다. 이와 같은 기능이 없이 건학이념을 살리겠다는 것은 머리 없는 손발이 될 뿐 아니라 그야말로 '화석적化石的' 존재로 주저앉을 가능성이 없지 않다.

부설기관의 운영

학교 안에 있는 불교관계 부설기관은 상호간에 유기적인 관계가 있어야겠다. 그러기 위해서는 연구 계획서와 사업계획서를 중복과 비약이 없도록 공동작성해야 할 것이다.

① 불교문화연구소는 특히 한국불교관계 현존문헌의 총 정리를 목표로 연차적인 연구계획서를 작성해야 할 것이고, 비교사상연구소는 국외의 불교사상에 대한 것은 물론 그 밖의 관계 자료들도 수집정리해야 할 것 같다. 따라서 이들은 횡적인 유대를 가지고 일을 추진할 때 보다 효과적일 것이다.

② 대학선원은 일반신도들의 집회장소이기 이전에 동국대생들이 가까이 해야 할 도량인 줄 안다. 일반 신도는 다른 도량에서라도 모일 수 있지만 학생들은 구내에 있는 장소가 아니면 불편하다. 전혀 선禪에 대한 기초상식도 없는 1학년 학생들에게 이론적인 예비지식도 가르치지 않고 그저 앉기만을 강요하고 있는 '대학교육'도 이상하지만 구내에 있는 대학선원이 학교와는 물 위에 기름처럼 떠있는 것도 우습다. 대학선원이 당초 어떤 목적 하에 세워졌는가를 돌이켜본다면 지금처럼 간판만이 걸려 있는 '집'은 아닐 것이다.

③ 역경원은 해인사에 소장된 고려대장경을 남김없이 모조리

번역하고 말겠다는 무모하고 무의미한 뜻을 고쳐, 중점적인 역간계획譯刊計劃을 세워 읽히는 장경을 만들어야 할 것이다. 그리고 한국 고승들의 저술에도 비중을 두어 번역 출간해야 한다.

수혜균등

앞에서도 지적한 바 있지만 불대 내의 삼학과三學科에 대해서는 균등한 혜택을 베풀도록 해야 할 것이다. 이를 위해서는 불합리한 현제도부터 뜯어 고쳐야 한다. 거듭 말하지만 날로 증가되어가는 불교의 수요를 생각할 때 시급한 일 가운데 하나다.

불교대 안에 있는 삼학과三學科는 마치 한 얼굴의 이목구비와 같아서 조금도 더하고 덜할 것 없는 불가불리의 관계에 있다. 좁은 친소親疏 관계를 벗어나 긴 안목으로 볼 때 더욱 그렇다.

그러므로 장학금을 비롯해서 기숙사, 군승, 교법사, 교직과목 등의 혜택을 동일하게 입도록 해야 한다. 그리고 일정한 원칙 아래 엄선하여 순위대로 주어져야 할 것이다. 차별대우는 분열과 불화의 본질적인 원인이며 발전의 암癌임을 우리는 상식으로 알고 있다.

결론

이상에서 필자는 문외한인 처지에서 현 불교대학의 문제점들을 대충 들어보았다. 오늘날 불교대학이 지고 있는 사명은 실로 승단에 못지않게 무겁다.

한국불교가 보다 새로워지고 종교로서의 구실을 제대로 하려면 기복에만 집착하고 있는 승단의 자각도 문제지만, 지성의 전당인 대학으로부터 새로운 바람이 일어나야할 것 같아서 주제넘은 우견愚見을 피력한 것이다.

최근 동대신문사에서 설문조사 온 바를 보고, 우리는 새삼스레 놀라울 것은 없었지만, 무언가 잘못되어 가고 있다는 사실을 통감했었다. 그 한 예로 95%의 불교교육의 필요성을 주장하는 많은 학생들에게 한결같이 실망을 주고 있다는 것이다.

그렇게 된 중요한 원인의 하나로 '교수방법의 고루성과 무계획성에 따른 학생들의 소외'를 들고 있는데 이밖에도 이유는 많은 것 같다. '불교를 배우고는 싶은데 도무지 접근하기가 어렵다'는 불평은 비단 대학사회에만 있는 것은 아니다.

또 한 가지 학교 측이나 종단관계 인사들이 명심해 두어야 할 일은 교양학부에서 '불교학개론'과 '불교문화사'를 배워서 학점까지 딴 2, 3학년 학생들 중 50%가 불교의 기초상식에 속하는 '삼귀의'도 모르고 있다는 것이다. 이것은 단적으로 종립 불교대 교육의 맹점을 드러내고 있는 증거다. 사소한 불교용어에 그치는 일이라면 걱정할 필요가 없지만, 교육 목적에까지 소급될 문제이기 때문에 신경을 쓰지 않을 수 없다.

불교교육의 근본이념을 불타의 지혜와 자비사상에 입각한 인격완성에 두고, 또 한편으로는 한국의 역사와 문화에 절대적인 영향을 끼쳐온 불교를 이해함으로써 오늘의 현안에 새로운 지표를 삼자는 것이다.

이와 같은 이념에 뿌리를 박고 창립된 동국대는 지나간 60년의 공적보다도 앞으로 이루어질 새로운 사명에 그 존재 의미가 달려 있다. 동대의 과감한 쇄신은 어떤 개인의 힘만으로 이루어질 수는 없다. 학교운영자뿐 아니라 종단과 교수와 학생들이 한 덩어리가 되어 동대에 새 이미지를 심기에부터 노력해야 할 것이다. 그것은 또 한 시대에 살고 있는 우리들의 의무다.

끝으로 김동화金東華 총장님의 취임사 일절一節을 인용하면서 이 글을 맺는다.

"… 전통은 올바르게 재평가되고 개발될 때 그 소중한 가치가 다시 발견되는 것입니다. 그리고 다시 발견된 전통의 가치는 미래를 위한 창조의 차원을 높여주는 계기를 마련하여 준다고 생각합니다. 대개 대학은 한편으로 고귀한 민족문화의 전통을 새로 발굴, 연구하면서 그 계승과 유지를 담당하고 또 한편으로는 급속도로 변하는 근대화 과정에서 내일을 위한 창조에 앞장서는 훌륭한 지도적 인재를 양성하는 곳이겠습니다."

○ 1968년 12월 15일

사문沙門의 옷을 벗기지 말라

– 종비생 교복착용 찬반론 / **반론**

최근 여러분들 중에서 승복 대신 속복을 입고 다니는 것을 보고 종단 안에서는 적잖은 물의가 일고 있습니다.

누가 뭐라 하든 제멋에 겨워 짧은 스커트를 입는 경우라면 우리는 여러분의 사생활에 참견할 권리가 없습니다. 그러나 승복을 벗고 속복 –그것이 교복이라 할지라도– 을 입는다는 것은 사생활의 영역을 넘어, 전체 승단의 질서에 관계되는 일이기 때문에 관심하지 않을 수 없는 것입니다.

잘 알다시피 여러분은 승단에 적을 둔 사문입니다. 종비생宗費生이기 이전에 출가한 사문이란 말입니다. 사문의 외형은 우선 '삭발염의'로써 나타납니다. 종단에서 여러분들을 종비생으로서 기르고 있는 것은 시대의 사문으로서 그 사명을 보다 알차게 구현하기 위한 뜻에서이지 식후 소화제 삼아 없는 재정으로 투자하고 있는 것은 아닙니다.

'맑고 향기롭게 살아가기 운동' 지역 순회강연(1996년).

그러기 때문에 여러분들은 대부분 입학할 때부터 '커트라인'과는 상관없이 예외적인 혜택을 종단으로부터 받은 것입니다. 그것은 개인적인 자격에서보다도 승려라는 전제조건이 작용했기 때문입니다. 그러므로 여러분들은 '선택받은 사람들'입니다. 따라서 여러분에 대한 기대는 막중한 것입니다.

　사문은 안과 밖이 여일如一해야 한다는 것은 부처님의 말씀입니다. 그리고 사문에게 있어 의발은 여읠 수 없는 것이라고 했습니다.

　속복을 입겠다는 이유 중에 하나가 일반 학생들과 잘 어울리지 않는다는 점에서라고 하는데 그것은 본질적인 이유가 될 수 없습니다. 어울리고 안 어울리고는 옷 모양이나 빛깔에서보다도 그 인품에 달린 것입니다. 사문은 어디까지나 사문의 처지에서 어울리면 되는 것입니다.

　학교라는 사회에서 사문의 복색服色을 그릇된 선입관과 이해 이전의 눈으로 보면 아니꼽고 거슬릴지 모르지만 여러분들에게 있어서는 그곳은 사원이나 다름없는 도량입니다. 종비宗費의 취지가 그렇고 불교대학이기 때문에 더욱 그렇습니다.

　'스님이 양복 값과 구두 값을 구하려고 다니는 것을 보니 한심스럽더라'고 어떤 청신사淸信士는 말합니다. 속복을 하고 외형적으로 행동반경이 확대된다고 해서 학승의 생활이 윤택해지는 것은 아닙니다. 구도자의 시선은 바깥 모양보다는 내면의 세계로 향해야 하기 때문입니다.

거듭 말씀드리지만 여러분의 본적本籍은 사문입니다. 사문은 그 어떤 경우일지라도 안팎이 여일如一해야 합니다. 종단 재정으로 육성되고 있는 종비생임을 망각해서는 안 됩니다. 부디 우리들의 기대를 저버리지 마십시오.

학교 당국자들에게

학칙 제1조를 들출 것도 없이 '동국대학교는 불교정신에 기基하여' 세워졌고, 또한 그것을 구현하기 위해 존재하는 종립학교입니다. 이와 같은 학교에서 학생들의 유니폼 통일을 위해 몇 사람 안되는 종비생한테서 사문의 옷을 벗기고 양복으로 갈아입게 하고 있다니 실로 유감스런 일입니다. 학교 측은 종단에 따르겠다는 말과는 달리 오늘 현재 속복을 강요하고 있습니다.

물론 학교의 고충을 짐작 못할 바 아니지만, 종립학교이기 때문에 그만한 예외는 있을 수 있다는 말입니다. 앞에서도 지적했지만, 승려들에게 대한 예외는 입학당시부터 인정된 것이 아니니까. 그리고 항구적이고 현실적인 입장에서 볼 때 중고등학교 아닌 대학생활에서 유니폼 통일이란 기대하기 어렵다는 것은 우리들의 상식입니다. 최고 학부라면 눈에 보이는 획일성보다도 내부로 뿌리내린 학풍이 선행될 것을 바라고 있기 때문입니다.

학교에서만 교복을 입고 돌아가서는 승복을 입으면 되지 않느냐고 할지 모르지만, 그건 결코 단순한 일이 아닙니다.

사문에게 조장될 이중성격을 염려해서만이 아니라, 중생들의 현존재는 마음대로 화신을 나투는 보살이 아니고, 미완된 인격들입니다. 때문에 생활환경의 영향은 사고와 행동에도 직결됩니다.

숙제를 걸렀다고 해서 승복을 입은 학승에게 '이놈저놈' 한 비인격적인 교수도 있다지만, 그러한 학교일지라도 사문의 옷만은 벗길 수 없습니다. 삼보三寶가 무엇인가를 가르치고 있는 종립학교이기 때문에 더욱 그렇습니다.

취임 벽두부터 종단과의 화합을 다짐한 바 있는 김 총장님의 재량에 우리는 기대를 거는 것입니다.

종단 스님들에게

종비생들이 승복을 벗고 속복을 입는 일은 결코 작은 일이 아닙니다. 그것도 다른 데서가 아니고 종단에서 세운 종립학교에서 이런 일이 묵인된다면 전체 승단에 속복이 합리화될 계기가 될 것입니다. 승단의 질서를 생각한다면 보고만 있을 수 없습니다. 승단정화의 이념이 위기에 직면한 것입니다.

종단 관계자들도 이번 일을 계기로 종비생들을 지금처럼 학비만 뿌리고 방치해 둘 것이 아니라, 근본적인 대책의 수립과 함께 사감제舍監制를 실시, 보다 효율적으로 도제교육徒弟教育의 실을 거두어야 할 것입니다. 그리고 종비생의 은사된 스님들은 제자의 행위가 곧 은사의 명예를 저울질한다는 사실을 상기하여, 개인적인 접촉으로서 은사의 교훈을 전달해야 할 것입니다.

끝으로 동국학원의 승려출신 이사 스님들은 이 문제를 종회에 미룰 것이 아니라 지체 없이 다루어 종단의 여망을 반영해 주기 바랍니다. '옷이 날개'라는 말은 세상의 속담이지 출세간의 사문에게 적용될 말은 아닙니다. 누가 사문의 옷을 벗길 수 있습니까. 사문이 어찌 옷을 벗을 수 있습니까.

○ 1968년 11월 3일

자
취
를

남
기
다

세속과 열반의 의미

– 법정스님 / 이기영 박사

열반이라면 우리는 흔히 면벽선승들만이 가는 길인 줄 안다. 일체의 세속을 끊고. 그러나 과연 중생의 고뇌를 그대로 뒤에 둔 채 진정한 의미의 열반이 이루어질 수 있을까? 또한 세속은 무엇인가. 말할 것도 없이 우리가 살고 있는 이 땅이란 뜻이다. 그러나 자비의 행을 근본으로 하는 승가의 눈은 세속을 달리 본다. 열반을 보는 눈도 그렇고. 여기에 법정法頂 스님과 이기영李箕永 교수의 대담을 실어 '열반과 세속'의 새로운 의미를 파악해 본다. (편집자)

법法: 최근 서경수徐景洙 교수가 쓴 『세속의 길·열반의 길』이란 책에서 저자는 이런 말을 하고 있더군요. "종교는 이면불二面佛이다. 한편으로는 '절대'를 추구하려고 하면서, 다른 한편으로는 상대적 세계로 내려와서 중생을 제도해야 한다. 종교가 절대를 추구하는 한 중생과는 아무런 관계도 없다"고요. 불교에서 절대를 지향한다는 것은 곧 열반의 길을 뜻하는 것이라고 생각되는데요. 그런데 여기서 문제되는 것은 종교인이 자기중심의 열반에의 길만을 지향할 때, 그것은 곧 열반의 길이 아니라는 것입니다. 서徐 교수는 이 문제에 대하여 사회참여 같은 '행'을 중시하는 입장에서 제도 면을 강조하고 있는데 그렇다면 과연 세속과 열반은 어떠한 관계에 있는 것인지, 여기에 대해서 선생님과 의견을 나누어 보고 싶습니다. 신문사 측에서 이렇게 멍석도 깔아 놓고 했으니.(웃음)

이李: 네, 참 좋은 문제인데요. 퍽 말하기 쉬운 것 같지만, 가장 말하기 어려운 것이 스님께서 말씀하신 문제라고 생각합니다. 우리가 흔히 열반이라고 할 때, 그것은 여러 가지로 받아들여질 수 있는 것이니까요. 야스퍼스의 포괄자란 말과 관련지어 우리가 열반에 관하여 생각할 수 있지 않을까 합니다. 포괄자란 즉, '주관과 객관의 분열'을 말하는 것인데 이 주관과 객관의 분열상태가 모두 해소된 세계, 이것이 열반의 상태가 아니겠습니까?

이 주·객의 갈등에서 벗어날 수 없는 것이 범부라고 한다면 이 주·객이 하나로 통일된 세계, 즉 나도 없고 너도 없는 하나의 세계에 이른 사람을 각자覺者라고 생각할 수 있지 않을까요. 주관과 객관의 분열을 해소시켜가는 길이 열반의 길이라고 쉽게 말할 수 있을 것 같습니다.

'맑고 향기롭게' 근본도량 길상사 창건법회(1997. 12. 14.).

법法: 세속과 열반은 확실히 상대적 개념이죠. 그렇지만 한 걸음 나아가 일체중생을 건져야 한다는 보살의 원願에서 볼 때는 세속의 길은 곧 열반의 길이 될 수 있다고 생각됩니다. 자비의 대상은 곧 중생계인데 중생이 남아 있는 한, 단 한 중생이라도 말예요, 어떻게 열반의 환희를 누릴 수가 있겠습니까?

이李: 그렇죠. 우리가 '길'이라고 말하는데 가장 중요한 의미가 있는 것입니다. 열반은 어떤 물건처럼 객관적으로 존재해 있는 것이 아니죠. 그러니까 우리가 그것을 만질 수도, 붙잡을 수도 없는 것입니다. 오직 이것은 자기 내면의 세계, 즉 나와의 관계에서 말해질 수 있는 것이 아니겠어요. 우리가 흔히 '삼계허망三界虛妄 일체유심조一切唯心造'라고 경에서 배우고 있는데 이것을 문자 그대로만 해석하려고 든다면 상당히 큰 오류를 범하는 것이라고 생각합니다.

'네가 어떻게 있는 것이냐? 이것을 똑바로 알라'하는 존재 의식의 근본적인 변혁을 시도해야겠지요. 그러니까 열반이란 우리가 받아들이는 것이 아니고 그 길로 무한히 걸어가야만 도달할 수 있지 않을까 합니다. 아까도 주관, 객관의 대립을 말씀드렸지만 관觀은 곧 식識인데 이것은 내가 있으므로 해서 있는 것이 아니겠습니까. 어디까지나 다자인(현 존재) 안에 있는 것이죠. 이 관이 해소된 세계야말로 소아小我를 떠난 무아의 경境일 것입니다. 그것은 주·객의 분열이 없는 유식唯識이며 심원心源이지요.

법法: 네, 좋은 말씀이십니다. 지금 선생님께서는 주·객 분열을 여읜 세계가 열반의 구경이 아니겠느냐고 말씀하셨는데요. 저는 부처님의 뜻에 일치될 수 있는 열반이 과연 있을까 하는 의문입니다. 아까도 잠깐 말씀드렸습니다만 이 중생계가 다할 때까지는 열반이란 이루어질 수 없는 것이라고 말하고 싶습니다. 이렇게 본다면 석가모니 부처님의 열반도 열반이라고 할 수 없겠지요.

이李: 신대승新大乘의 입장이라고 말할 수 있군요.(웃음)

법法: 그러나 부처님은 우리들에게 그 길, 곧 열반의 길을 가르쳐 주셨습니다. 그러니까 중생이란 이 부처님의 가르침을 좇아서 완전을 향해 무한히 승화하는 과정에 있다고 할 수 있지요. 저는 재래의 관념과는 달리 부처님의 끝없는 자비에 합일하는 것이 열반이라고 이해하고 싶습니다.

이李: '일체중생一切衆生 실유불성悉有佛性'이라는 것과 같이 열반은 '당유當有'이겠지요. 그것은 앞서도 말씀드렸습니다만 나와 관계없이 따로 있을 수 없는 것이라고 생각합니다. 즉 열반은 어디에 물건처럼 있는 것이 아니라고 봅니다. 그러나 우리는 스님의 말씀대로 불타의 가르침 속에서 길을 찾아야 할 것이라고 생각합니다. 이 당유의 길 밖에 서서 열반이 '있다'고 착각해서는 안 될 것입니다. 우리는 불타의 가르침을, 그리고 자신의 체험을 통하여 우리가 어디로 가야 할 것인가 하는 목표를 확실히 믿을 수 있습니다. 우리는 '여기에 열반이 이루어졌다' 이렇게 말할 수 있게 되기 위하여 가는 존재인 것입니다.

그러면 그 길은 어떤 것이냐? 이 점에선 저도 보살행을 본本으로 해야 한다는 스님의 입장이 전적으로 찬성합니다.

법法: 물론 그 행行의 근거는 내적인 체험 즉 번뇌가 다 가시어 버린 상태를 증득하는 데 있어야 합니다.

이李: 현대에서 요구하는 것은 보살도죠. 종교는 우리가 지금 껏 말한 대로 길이지 결코 어떤 종착점은 아니죠.

법法: 보살도는 곧 자비행을 뜻하는 것인데 전인간적인 자비행의 근거는 부처님이나 보살의 원력을 통해서만 찾을 수 있습니다. 부처님이 '나는 다만 길을 가리킬 뿐이다'라고 하신 것은 우리 스스로가 자비행을 통해서 열반의 길을 가야 한다고 교설한 것이 아니겠습니까?

이李: 그렇죠. 그것은 보는 길이기도, 표지이기도, 가는 길이기도 한 것이죠. 그런데 우리가 선禪을 잘못 받아들였을 때, 유물적 유심론에 떨어지기 쉽죠. 그리고 부처님은 지智, 慧와 자慈, 悲를 따로 생각하지 않으셨죠.

법法: 그렇습니다. 자비 없는 지혜는 메마른 관념일 뿐이지요. 경전에서는 자비가 없는 지智를 간혜乾慧라고 하더군요. 어떤 학자들은 말하기를 참다운 지智는 무이지無二智여야 한다고도 했구요. 그러니까 제도의 행行이란 곧 지혜의 길이고 열반의 길이란 것을 알 수가 있죠. 세속의 길과 열반의 길이 보살도에서 볼 때 따로 있을 수 없습니다. 수레바퀴처럼요. 열반의 길은 흔히 알피니스트들이 "산은 거기 그렇게 있기 때문에 오른다"고 하는 것과는 전적으로 다릅니다. 왜냐하면 열반의 길은 그렇지 않을 수 없기 때문에 하는, 즉 내심內心의 소리에 따라 내딛는 승화昇華의 길이기 때문이죠. 사원을 찾는 마음은 산을 오르는 마음과는 이런 면에서 볼 때 전적으로 다릅니다. "사원이 거기 그렇게 있기 때문에 간다"는 종교인은 없을 것입니다. 내심內心의 소리-그것은 생명의 요구이기도 합니다-에 따라가지 않을 수 없기 때문에 가는 길이 아니겠습니까.

저는 가톨릭의 고해성사를 의미 깊게 생각하는데요. 이유는 내심승화內心昇華란 점에서입니다. 불교에서는 '발로참회發露懺悔'가 있습니다만, 이것은 곧 '안으로 뉘우치고 밖으로 허물을 드러내 놓는다'는 뜻이죠. 이런 참회는 세속적인 것을 카다르시스해 버림으로써 가벼운 마음으로 새 길을 내딛을 수 있기 때문입니다. 간절한 마음으로 참회할 때 지은 허물은 스러지지 않을 수 없을 것입니다. 생활하는 사람이면 누구나 이와 같은 참회는 필요할 것이라고 생각합니다.

이李: 그러나 그 고해告解가 타율적으로 되어서는 무의미한 것이죠.

법法: 물론 그렇습니다. 참회라는 말의 의미가 그렇듯이 말이지요.

이李: 아까 법정스님께서 서경수 교수의 『세속의 길·열반의 길』을 들어 이 문제를 꺼내셨는데 저도 그 책을 읽었습니다.

서徐 교수 자신이 믿음을 갖고 사유와 행을 통해서 세속적 자기를 극복해 가는 도정을 잘 그렸더군요. 그리고 그가 자기 스스로의 자책적 이해의 견해를 실었다는 점에서 높이 평가될 수도 있고요.

법法: 그래요. 서 교수는 불교적 프리즘을 통해서 현실을 파헤치고 있습니다. 그가 세속이냐 열반이냐 하는 갈림길을 이면불二面佛이라고 지적하면서 열반의 새로운 의미를 제시한 것은 종교적으로도 중대한 결심이라고 할 만합니다.

이李: 특히 '한국종교사 서설을 위한 에세이'는 이제까지 아무도 시도해 본 적이 없는 새로운 종교사관을 가지고 서술되었더군요. 참 좋았습니다.

법法: 배가 고픈데 그만 하실까요. 또 시절인연이 오면 만나 뵙기로 하고요. 감사합니다.

○ 1966년 4월 10일

불교와 예술
- 선화禪畵를 통한 포교방법 모색을

지난 1일부터 신문회관 화랑에서는 '선서화전禪書畵展'이 열리고 있다. 여기에는 근래 고승들의 유작서화遺作書畵 60여 점과 현존 승려작품 30점, 일반 신도들의 10여 점이 빽빽하게 전시되었다.

이와 같은 전시가 수도 서울에서는 처음 있는 일이라는 데 우선 의미가 있을 것 같다. 그리고 여기저기 흩어져 잊혀졌거나 사장되고 있던, 귀에 익은 큰스님들의 모습을 유작遺作을 통해서 그 일면이나마 엿볼 수 있다는 것이 무엇보다 반갑고 고마운 일이 아닐 수 없다.

이번 전시를 갖게 된 주관자의 인사말씀에도 밝혀 있지만, 선서화란 수도에 전념하던 스님들이 정진의 여가에 무심히 쓰고 그런 것들이라 일반 서書나 화畵와는 격이 다르다. '세속적인 기술을 멀리해야 하는 몸이므로 기교보다는 솔직담백한 마음의 선線을 그대로 종이 위에 소박하게 옮겨 놓은 것'들인 것이다.

선서화는 일찍이 중국의 송나라 시절부터 묵적墨跡이라 해서 선가禪家의 소작所作으로 인정된 바다. 우리나라에서는 본격적으로 묵적이라 부를 만한 활동은 없었지만, 개인적으로는 평가받던 솜씨가 없지 않았다. 요즘은 절에서도 붓이나 먹보다 볼펜이나 잉크가 득세를 하는 시류라 그 묵적이 더욱 귀해지고 있는데, 몇몇 스님들은 그 무심無心한 일을 놓지 않고 있어 실로 다행한 일이다. 그러한 여가에서 스스로의 영역을 정화하고 있는 것이다.

물론 전시된 현존 승려들의 작품 가운데는 선서화라고 보이기에는 너무도 졸렬한 것들이 없지 않다. 그러나 '무심無心'을 익히려고 하는 그 뜻만은 사주어야 할 것 같다. 옛 스님들과 요즘 스님들의 작품을 비교해보면 그 격이 훤히 내다보이는데, 그 까닭이 어디 있는지 살펴보는 일도 이번 전시를 통해서 무익한 일은 아닐 것 같다.

앞에서도 언급했지만, 선서화란 기교 이전의 작위가 문제라고 했다. 그런데 그러한 작위는 결코 우연히 이루어지는 것이 아니다. 내면생활의 심화가 그대로 붓이나 먹을 통해서 드러나고 있는 것이다. 이런 일은 비단 서화에 한정되는 것은 아니다. 건축이나 조각에도 마찬가지다. 신라나 고려 때보다 오늘이 기술면에서는 비교도 안될 만큼 발달되었고, 그 재료材料도 풍부하다. 그러나 그 시절에 이루어진 찬란한 문화형태가 단절된 채 계승되지 못하고 있는 이유는 어디 있는 것일까. 그것은 오로지 내면생활 자체가 소홀하기 때문일 것이다. 석가탑이나 다보탑 혹은 석굴암의 불상들을 조성한 석공石工들은 기예인技藝人이기 이전에 극도로 정화된 신앙인이었던 것이다.

신앙생활을 통해 승화된 상像이 돌에 스민 것이다. 감정이입이라는 고전적인 미학美學의 이론을 들출 것도 없이 그것은 창작의 기본적인 태도인 것이다. 일상에서 안으로 정진을 거치지 않고 외면적인 표현에만 급급하려 한다면 거기에는 선서화는 고사하고 기예쟁이의 체취밖에 풍기지 못할 것이다. 내면생활의 심화 없이 '무위無爲'는 배설될 수 없기 때문이다.

이번 전시를 통해서 몇 가지 문제가 제시된 것 같다. 첫째, 선화를 통해서 불교를 이해시키는 길도 있을 수 있다는 것. 법당에서의 불공이나 강단에서의 설법만이 포교행위가 아니고 글씨나 그림이라는 수단을 통해서도 보다 자연스럽게 전교할 수 있다는 점이다.

둘째, 사원에서도 선화를 이단시하는 경향에서 탈피 무심無心의 작위임을 이해하여 수행생활의 조화를 이루도록 권장해야 할 것이다.

셋째, 이런 전시를 종단적으로 적극 지원하여 불교문화의 창달에 이바지해야 한다는 점 등이다. 이번 전시를 개최한 표충사

스님들의 노고에 감사를 드리며, '부처님오신날'을 위한 행사의
일환으로 개최하게 된 선서화전의 의미를 높이 평가하는 바이
다.

○ 1970년 5월 3일

인간 석가의 참 모습을 잘 표현한 명저
─『크나큰 미소, 석가』, 서경수徐景洙 역

　석가, 예수, 공자, 마호메트, 소크라테스 등 다섯 분은 인류의 영원한 스승, 혹은 영원한 지혜의 별이라고 추앙된다. 그들만큼 시대나 인종, 지역을 초월하여 새로워질 수 있는 역사상의 인물은 없다. 근간 신구문화사에서 이 다섯 스승들의 전기집 『영원한 인간상』을 발행한 것은 삭막해지는 우리들의 정신적 풍토를 감안할 때 퍽 다행한 일이다. (이분들의 전기나 다른 서적들이 기왕에 나오지 않은 것은 아니지만) 그중 제3권의 『크나큰 미소, 석가』는 일본의 도변조굉渡邊照宏의 『신석가전新釋迦傳』을 서경수徐景洙 씨가 옮긴 것으로 인간 석가의 참 모습을 가장 잘 표현한 명저라고 할 수 있다.

　'전생의 이야기로부터 태자싯다르타의 입태, 태자의 환경, 교육, 결혼, 명상, 출성, 보살의 종교 체험, 6년 고행의 양상, 보살은 이상을 향하여 나아가다, 붓다로서의 출발, 항마성도의 임박, 부처님 출현, 처음으로 법륜을 굴리다, 성스러운 중도, 타오르는 불의 법문, 승단의 출현, 대가섭과 그의 처, 계율이 나오기까지 비철안거의 규정, 붓다의 귀성, 귀족출가의 속출, 부처님의 선교의 거점, 여성의 출가를 둘러싼 문제, 불교와 동시대의 종교, 단지斷指 청년의 출가, 분쟁을 수습하는 길, 파아마리 마을에서의 최후 설법, 조용한 입멸을 앞두고 생애를 마치다'까지 등의 전 일대기와 당시의 정신적 풍토 등을 섬세하게 그리고 있다.

과거의 많은 불서들이 딱딱한 교리해설이 아니면 전설적, 신화적, 또는 신격화한 것인 데 반하여 이 석가전은 부처님을 영원한 인간상의 처지에서 서술하고 있다. (4×6판 394면, 값 640원)

○ 1967년 12월 10일

법정法頂스님 행장

(본명 박재철朴在喆 / 1932~2010)

1932년 전라남도 해남군 문내면 우수영안길 81(선두리)에서 태어났다. 한국 전쟁의 비극을 경험하고 인간의 선의지善意志와 삶과 죽음에 고뇌하며 진리의 길을 찾아 나섰다. 1956년 효봉스님을 은사로 사미계를 받은 후 통영 미래사, 지리산 쌍계사 탑전에서 스승을 모시고 정진했다. 이후 해인사 선원과 강원에서 수행자의 기초를 다지고 1959년 자운율사를 계사로 비구계를 받았다.

1960년 통도사에서 〈불교사전〉 편찬 작업에 동참하였고, 1967년 서울 봉은사에서 운허스님과 더불어 불교 경전 번역을 하며, 불교계 언론과 유력한 신문에서 죽비 같은 글로 신선한 바람을 일으켰다.

1973년 함석헌, 장준하 등과 함께 민주수호국민협의회를 결성하여 민주화 운동에 참여하였다. 1975년 젊은 목숨을 앗아간 제2인혁당 사건을 목격한 스님은 큰 충격을 받아 그해 10월 본래 수행자의 자리로 돌아가기 위해 송광사 뒷산에 불일암을 짓고 무소유 사상을 설파하며 자기다운 질서 속에 텅 빈 충만의 시기를 보낸다.

하지만 세상에 명성이 알려지고 끊임없이 찾아드는 사람들을 피해, 다시 출가하는 마음으로 1992년 4월 강원도 산골 오두막으로 거처를 옮기고 생명 중심의 세상을 명상하며 홀로 수행 정진하였다.

1993년 7월 연꽃이 불교를 상징하는 꽃이라는 이유로 독립기념관, 창덕궁 부용정 연못의 연꽃이 모두 없어지는 기막힌 사실과 마주하게 되는데, 그 어이없는 심정을 '연못에 연꽃이 없더라'는 글로 발표하며 세상을 경책한다.

1993년 8월 '맑고 향기롭게 살아가기 운동 준비 모임'을 발족하여, 1994년 3월 맑고 향기롭게 살아가기 운동 첫 대중 강연을 시작으로 서울, 부산, 대구, 경남, 광주, 대전 등지에서 뜻을 함께 하는 회원들을 결집해 '맑고 향기롭게 살아가기 모임'을 이끌었다. 스님의 무소유 사상에 감동한 길상화(故김영한) 보살이 7천여 평의 대원각을 시주하여 1997년 12월 14일 '맑고 향기롭게 근본도량 길상사'가 창건되었다.

법정스님 하면 떠올리게 되는 용어들이 많지만 그 가운데서도 가장 대표 낱말은 '무소유'다. "무소유는 단순히 아무것도 갖지 않는다는 것이 아니라 불필요한 것을 갖지 않는 것을 뜻한다."고 정의하며, 생명 중심의 나눔의 삶을 설파하였다. 세속 명리와 번잡함을 싫어했던 스님은 홀로 땔감을 구하고 밭을 일구며 청빈을 실천하였다.

스님은 폐암이 깊어진 뒤에도 침상에서 예불을 거르지 않았으며 "금생에 저지른 허물은 생사를 넘어 참회할 것이며, 이제 시간과 공간을 버려야겠다."는 말씀을 남긴 뒤 2010년 3월 11일(음력 1월 26일) 「맑고 향기롭게 근본도량 길상사」에서 원적(세수 78세, 법랍 55세)에 들었다.

낡은 옷을 벗어라

초판 1쇄 발행일   2019년 11월 10일
초판12쇄 발행일   2024년 5월 10일

글   법정스님

발행인   오심스님
발행처   대한불교조계종 불교신문사

책임편집   여태동
사진제공   (사)맑고 향기롭게
편집제작   선연
디자인   김형조

출판등록   2007년 9월 7일 (등록 제300-207-133호)
주소   서울시 종로구 우정국로 67 전법회관 5층
전화   02)733-1604
팩스   02)3210-0179
e-mail   ibulgyo@ibulgyo.com

ISBN 979-11-89147-08-2   13220

값 16,500원